भग्न वीणा

भग्न वीणा

रामधारी सिंह दिनकर

लोकभारती प्रकाशन
इलाहाबाद नयी दिल्ली पटना

लोकभारती प्रकाशन
पहली मंजिल, दरबारी बिल्डिंग, महात्मा गांधी मार्ग
इलाहाबाद-211 001

वेबसाइट : www.lokbharatiprakashan.com
ईमेल : info@lokbharatiprakashan.com

शाखाएँ : 1-बी, नेताजी सुभाष मार्ग, दरियागंज
नई दिल्ली-110 002
अशोक राजपथ, साइंस कॉलेज के सामने
पटना-800 006

पहला संस्करण : 2008

बी.के. ऑफसेट
नवीन शाहदरा, दिल्ली-110 032 द्वारा मुद्रित

आवरण : लोकभारती स्टूडियो

BHAGNA VEENA
by Ramdhari Singh Dinkar

ISBN : 978-81-8031-334-9

मूल्य : रु. 225.00

प्राक्कथन

राष्ट्रकवि स्वर्गीय रामधारी सिंह 'दिनकर' का यह शताब्दी वर्ष है। उन्होंने अपनी वसीयत के द्वारा अपनी तैंतीस पुस्तकों का प्रकाशनाधिकार मुझे दिया था। ये पुस्तकें अब 'लोकभारती प्रकाशन' से प्रकाशित हो रही हैं।

इसके पूर्व जो प्रकाशक पुस्तकें प्रकाशित कर रहे थे, उनसे मैंने प्रकाशनाधिकार वापस ले लिया है।

वर्तमान प्रकाशक श्री अशोक महेश्वरी चाहते थे कि पुस्तकें कुछ नए आकार में प्रकाशित की जाएँ तथा कुछ पुस्तकों को मिलाकर एक बड़े आकार में सजाया सँवारा जाए। इसमें सर्वश्री डॉ. नन्दकिशोर 'नवल' ने अपना महत्त्वपूर्ण योगदान दिया। आशा है पुस्तकों की इस नई व्यवस्था का हिन्दी साहित्य में स्वागत होगा।

'दिनकर समग्र' भी प्रकाशनाधीन है, इन पुस्तकों का नए जिल्द में आना उसकी पृष्ठभूमि के तौर पर देखा जा सकता है।

आज जब इन पुस्तकों का नवीन संस्करण प्रकाशित हो रहा है—मुझे शिद्दत से डॉ. लक्ष्मीमल्ल सिंघवी स्मरण आ रहे हैं।

18.08.2008 —**अरविन्द कुमार सिंह**

प्रकाशकीय

एक नई योजना के अन्तर्गत राष्ट्रकवि श्री रामधारी सिंह दिनकर की वे पुस्तकें, जिनका स्वामित्व उनके पौत्र श्री अरविन्द कुमार सिंह के पास है, नए ढंग से प्रकाशित की जा रही हैं। दिनकरजी ने कविता के साथ-साथ गद्य-साहित्य की भी प्रचुर मात्रा में रचना की है। स्वभावतः वे पुस्तकें गद्य की भी हैं और पद्य की भी। गद्य की पुस्तकों में से दो पुस्तकें—'शुद्ध कविता की खोज' और 'चेतना की शिखा' को यथावत् प्रकाशित किया जा रहा है। सिर्फ उनके नाम में कारणवश परिवर्तन किया गया है। 'शुद्ध कविता की खोज' का नाम इस पुस्तक के पहले निबन्ध के आधार पर रखा गया है—'कविता और शुद्ध कविता' और 'चेतना की शिखा' का नाम उसके पहले निबन्ध के आधार पर—'श्री अरविन्द : मेरी दृष्टि में'। हमारा खयाल है कि इस नाम परिवर्तन से पुस्तक की विषय-वस्तु का परिचय प्राप्त करने में अधिक स्पष्टता आ जाती है।

'पंडित नेहरू और अन्य महापुरुष' नामक पुस्तक में भी दिनकरजी की 'लोकदेव नेहरू' और 'हे राम' नामक दो पुस्तकें संकलित हैं। दूसरी पुस्तक में तीन महापुरुषों—विवेकानन्द, रमण और गांधी—पर दिनकरजी के तीन रेडियो-रूपक संगृहीत हैं, लेकिन उनकी आत्मा निबन्ध की है। कारण यह है कि उनमें उक्त महापुरुषों के विचार-दर्शन से ही श्रोताओं और पाठकों को परिचित कराने का प्रयास किया गया है। इसीलिए इन्हें साथ रखा गया है। 'हे राम' नामक पुस्तक संयुक्त करने के कारण ही संकलन के लिए नया नाम देना पड़ा है, लेकिन पंडित नेहरू की प्रधानता के कारण उसमें उनके नाम का उल्लेख आवश्यक माना गया है। 'स्मरणांजलि' नामक पुस्तक में भी दिनकरजी की मूल पुस्तक 'मेरी यात्राएँ' के चार निबन्ध संयुक्त किए गए हैं, क्योंकि यात्रा-वृत्तांत भी एक तरह से संस्मरण ही है। पहले उसे यात्रा-संस्मरण कहा भी जाता था। 'स्मरणांजलि' वस्तुतः दिनकरजी की पुस्तक 'संस्मरण और श्रद्धांजलियाँ' का नया नाम है। इसमें सिर्फ निबन्धों को नई तरतीब

दी गई है और उसमें यथास्थान 'साहित्यमुखी' से लेकर सिर्फ एक निबन्ध जोड़ा गया है—'निराला जी को श्रद्धांजलि'। 'व्यक्तिगत निबन्ध और डायरी' नामक पुस्तक में भी दिनकरजी के निबन्धों का तो एकत्रीकरण है ही, 'दिनकर की डायरी' नामक पूरी पुस्तक यथावत् उसमें शामिल है, क्योंकि डायरी व्यक्तित्व की अभिव्यक्ति का ही तो अतिशय घनीभूत रूप है।

बाकी जो नवनिर्मित गद्य की पुस्तकें हैं, वे हैं—'कवि और कविता', 'साहित्य और समाज', 'चिन्तन के आयाम' तथा 'संस्कृति, भाषा और राष्ट्र' इनमें इनके नामों से सम्बन्धित निबन्ध विभिन्न पुस्तकों से लेकर क्रम से लगाए गए हैं। प्रत्येक निबन्ध के नीचे इस बात का उल्लेख अनिवार्य रूप से किया गया है कि वे किस पुस्तक से लिए गए हैं।

कविता-पुस्तकों में सभी पुस्तकों का मूल रूप सुरक्षित रखा गया है, सिर्फ कमोबेश कविताओं की प्रकृति को देखते हुए दो-दो तीन-तीन पुस्तकों को एक जिल्द में लाने की कोशिश की गई है। स्वभावतः संयुक्त पुस्तकों का एक नाम देना पड़ा है लेकिन वह नाम दिनकरजी की कविताओं से ही इस सावधानी से चुना गया है कि वह कविताओं के मिजाज का सही ढंग से परिचय दे सके। उदाहरण के लिए 'धूप और धुआँ' और 'कोयला और कवित्व' के संयुक्त रूप के लिए 'सपनों का धुआँ' नाम तय किया गया है, 'नीम के पत्ते', 'मृत्ति-तिलक' और 'दिनकर के गीत' नामक पुस्तकों के संयुक्त रूप के लिए 'अमृत-मंथन' और 'प्रणभंग तथा अन्य कविताएँ', 'कविश्री' और 'दिनकर की सूक्तियाँ' के संयुक्त रूप के लिए 'रश्मिमाला'। 'अमृत-मंथन' में एक छोटा-सा परिवर्तन यह किया गया है कि 'मृत्ति-तिलक' से 'हे राम!' शीर्षक कविता हटा दी गई है, क्योंकि वह 'नीम के पत्ते' में भी संगृहीत है। एक ही संकलन में पुनरावृत्ति से बचने के लिए यह करना जरूरी था। 'रश्मिमाला' नाम इसलिए पसन्द किया गया कि इस नाम से दिनकरजी 'प्रणभंग' नामक काव्य के बाद अपनी स्फुट कविताओं का एक संकलन निकालना चाहते थे, जो निकल नहीं सका। उसकी तीन-चार कविताएँ उन्होंने 'रेणुका' में लेकर उसे छोड़ दिया था। काफी दिनों बाद उन्होंने बाकी कविताएँ 'प्रणभंग' के दूसरे संस्करण में, जो 'प्रणभंग तथा अन्य कविताएँ' के नाम से निकला, डाल दीं। 'रश्मिमाला' में 'प्रणभंग तथा अन्य कविताएँ' पूरी पुस्तक दी जा रही है, साथ में 'कविश्री' और 'दिनकर की सूक्तियाँ' नामक दो संकलन

भी। दिनकर की कविताओं का कोई भी संकलन दिनकर की किरणों का हार ही तो है!

'समानांतर' नामक पुस्तक में दिनकरजी की दो पुस्तकें एकत्र की गई हैं—'सीपी और शंख' और 'आत्मा की आँखें'। मूल रूप में ये दोनों पुस्तकें अनूदित कविताओं का संग्रह हैं, लेकिन हमने उनके संयुक्त रूप का नाम 'समानांतर' दिया है। इसके पीछे तर्क यह है कि जब विदेशी विद्वानों ने यूरोपीय कवियों के दिनकरजी कृत अनुवाद को मूल कविताओं से मिलाकर देखा, तो उन्हें अनुवाद मानने से इनकार किया और उन्हें उनकी मौलिक कविताएँ मानकर अपने यहाँ से निकलनेवाले संकलन में शामिल किया। अधिक से अधिक हम इन्हें मूल का पुनर्सृजन कह सकते हैं, उससे भी आगे बढ़कर इन्हें कवि की समानांतर सृष्टि मानें तो वह उसके गौरव के सर्वथा अनुरूप होगा। गद्य की 'शुद्ध कविता की खोज' नामक पुस्तक की तरह ही दिनकरजी की अन्तिम काव्यकृति 'हारे को हरिनाम' को भी यथावत् रखा गया है। सिर्फ उक्त पुस्तक की तरह ही इसके नाम में परिवर्तन है। नया नाम 'भग्न वीणा' पहले नाम की तरह अर्थ-व्यंजक है और यह पुस्तक की एक प्रतिनिधि कविता के शीर्षक से ही लिया गया है।

नई योजना को रूप देने में अनेक रचनावलियों और संकलनों के सम्पादक डॉ. नंदकिशोर नवल और नए समीक्षक डॉ. तरुण कुमार ने विशेष रुचि ली है, जिनकी अत्यधिक सहायता पटना विश्वविद्यालय, हिन्दी विभाग, के शोधप्रज्ञ श्री योगेश प्रताप शेखर ने की है। हम इनके प्रति अपना हार्दिक आभार व्यक्त करते हैं।

आशा है, हिन्दी का विशाल पाठक-वर्ग दिनकर-साहित्य के इस नए रूप में प्रकाशन को अपनाकर हमारा उत्साहवर्धन करेगा।

निवेदन

कई मित्रों ने पूछा है और मैं भी अपने-आपसे पूछता हूँ कि ऐसी कविताएँ मैं क्यों लिखने लगा हूँ। जवाब मुश्किल से बनेगा। कविता मेरे बस में नहीं है, मैं ही उसके अधीन हूँ। पहले उस तरह की कविता आती थी, तब वैसी लिखता था, अब इस तरह की आ रही है, इसलिए ऐसी लिखता हूँ।

'परशुराम की प्रतीक्षा' सन् 1963 ई. में निकली थी। 'कोयला और कवित्व' का प्रकाशन सन् 1964 ई. में हुआ। उसी साल लारेन्स का आश्रय लेकर मैंने कुछ नए ढंग की कविताएँ लिखीं, जो 'आत्मा की आँखें' नाम से निकलीं। उसके बाद मैं लगभग मौन हो गया। महसूस होता था कि कवित्व मुझे छोड़कर चला गया, मेरे भीतर अब कोई कविता नहीं है, जो बाहर आयेगी।

तब कई वर्षों के बाद वे छोटी-छोटी कविताएँ आने लगीं, जिनका संकलन वर्तमान संग्रह में हुआ है। लगता है, 'आत्मा की आँखें' लिखते समय मैंने जिस शैली का प्रयोग किया था, वही शैली इन कविताओं का आधार बन गयी। केवल कवि कविता नहीं रचता, कविता भी बदले में कवि की रचना करती है।

कुछ मित्र 'हारे को हरि नाम', इस नाम से भी चौंके हैं। किंतु पराजित मनुष्य और किसका नाम ले? जिन्हें मेरे पराजित रूप से निराशा हुई है, उन मित्रों से मैं क्षमा माँगता हूँ।

मैंने अपने आपको
        क्षमा कर दिया है।
बन्धु, तुम भी मुझे क्षमा करो।
        मुमकिन है, वह ताजगी हो,
जिसे तुम थकान मानते हो।
        ईश्वर की इच्छा को
न मैं जानता हूँ,
        न तुम जानते हो।

–दिनकर

5, सफदरजंग लेन
नई दिल्ली-110011
दीपावली, 1970 ई.

अनुक्रम

राम, तुम्हारा नाम

राम, तुम्हारा नाम कंठ में रहे,
हृदय, जो कुछ भेजो, वह सहे,
दुख से त्राण नहीं माँगूँ।

माँगूँ केवल शक्ति दुख सहने की,
दुर्दिन को भी मान तुम्हारी दया
अकातर ध्यानमग्न रहने की।

देख तुम्हारे मृत्यु-दूत को डरूँ नहीं,
न्योछावर होने में दुविधा करूँ नहीं।

तुम चाहो, दूँ वही,
कृपण हौ प्राण नहीं माँगूँ।

संपाती

तुम्हें मैं दोष नहीं देता हूँ।
सारा कसूर अपने सिर पर लेता हूँ।

यह मेरा ही कसूर था
कि सूर्य के घोड़ों से होड़ लेने को
मैं आकाश में उड़ा।

जटायु मुझ से ज्यादा होशियार निकला।
वह आधे रास्ते से ही लौट आया।

लेकिन मैं अपने अहंकार में
उड़ता ही गया।
और जैसे ही सूर्य के पास पहुँचा,
मेरे पंख जल गये।

मैंने पानी माँगा।
पर दूर आकाश में
पानी कौन देता है?

सूर्य के मारे हुए को
अपनी शरण में
कौन लेता है?

अब तो सब छोड़ कर
तुम्हारे चरणों पर पड़ा हूँ।
मन्दिर के बाहर पड़े पौधर के समान
तुम्हारे आँगन में धरा हूँ।

तुम्हें मैं कोई दोष नहीं देता स्वामी!
"आमि आपन दोषे दुख पाइ
वासना-अनुगामी।"

चिट्ठियाँ

चिट्ठियाँ तो बहुत सारी आयी थीं।
मगर, खबरें जुगायीं नहीं।

क्या पता था कि दुनिया
एक दिन यह हाल भी पूछेगी,
जिनका कोई जवाब नहीं,
ऐसे सवाल भी पूछेगी?

सवाल उनका, जो सब कुछ
लूट कर चले गये।
यानी यह बात कि यार,
तुम कैसे छले गये?

चाँद के बुलावे पर आकाश में घूमने की बात!
सितारों की महफिल में बैठ कर झूमने की बात!

बात वह जिसके किनारे तेज धार होती है।
जरा-सा चूके नहीं
कि कलेजे के आर-पार होती है।

अपनी चिता आप बना कर
उस पर सोने की बात,

जिस दर्द को कोई न समझे,
उससे कराहने और रोने की बात।

तारों से जो धूल झरती है,
उसे, दोने में सजाता हूँ।
इतिहास में लीक नहीं,
छाँह छोड़े जाता हूँ।

निस्तैल पात्र

एक वक्त ऐसा आता है,
जब सब कुछ झूठ हो जाता है,
सब असत्य,
सब पुलपुला,
सब कुछ सुनसान।

मानो, जो कुछ देखा था, इन्द्रजाल था।
मानो, जो कुछ सुना था, सपने की कहानी थी।

जिन्दगी को जितना ही गहरा खोदता हूँ,
उतनी ही दुर्गन्ध आती है।
मानो, मैं क़ोई और हूँ
और यह जिन्दगी किसी और ने जी हो।

मगर, अब तो खुशबू बसाने का समय नहीं है।
सूरज पश्चिम की ओर ढल रहा है।
गरचे चिता अभी जली नहीं है,
मगर जिन्दगी से धुआँ निकल रहा है।

करम खुदा का!
बन्दे, तुझे क्या ग़म है?
तेल की हाँड़ी निस्तैल हो कर फूटे,
यह क्या कम है?

रहस्य और विज्ञान

इतना जिया कि जीते-जीते
सारी बात भूल गया।

शब्दों के कुछ निश्चित अर्थ
मैंने भी सीखे थे।
और उन अर्थों पर मुझे भी नाज था।
और नहीं, तो उतने ज़ोर से
बोलने का क्या राज़ था?

स्त्रियों के बाल मुझे भी
रेशम-से दिखायी देते थे।
और चाँद की ओर आँखें किये
मैं सारी रात जगता था।
सच तो यह है कि सितारों से
चाँदी के घुँघुरुओं की आवाज़ आती थी।
और चाँद मुझे औरत के
मुँह-जैसा लगता था।

सोचता था, प्रकृति के पीछे कोई विद्यमान है,
जो मेरा प्रेमी और सखा हैं।
(देखा-देखी रहस्यवाद का मज़ा
थोड़ा-बहुत मैंने भी चखा है।)

मगर विज्ञान ने सारी बातें
तितर-बितर कर दीं।
और विज्ञान से मेरा कुछ मतभेद है।

गरचे मुझे खेद है
कि न तो मैं विज्ञान को समझता हूँ,
न विज्ञान मुझे समझ पाता है।

ऐसे में गुरो!
केवल आपका नाम याद आता है।

कविता और विज्ञान

हम रोमांटिक थे;
हवा में महल बनाया करते थे।
चाँद के पास हमने एक नीड़ बसाया था,
मन बहलाने को हम उसमें आया-जाया करते थे।

लेकिन तुम हमसे ज्यादा होशियार होना,
कविता पढ़ने में समय मत खोना।
पढ़ना ही हो, तो बजट के आँकड़े पढ़ो।
वे ज्यादा सच्चे और ठोस होते हैं।

अगर तुम यह समझते हो
कि तुम केवल शरीर नहीं,
आत्मा भी हो,
तो यह अनुभूति तुम्हें,
तकलीफ में डालेगी।
जो सभ्यता अदृश्य को नहीं मानती,
वह आत्मा को कैसे पालेगी?

विज्ञान की छड़ी जहाँ तक पहुँची है,
बुद्धि सत्य को वहीं तक मानती है।
मशीनों को लाख समझाओ,
वे आत्मा को नहीं पहचानती हैं।

सांख्यिकी बढ़ती पर है,
दर्शन की शिखा मन्द हुई जाती है।
हवा में बीज बोने वाले हँसी के पात्र हैं,
कवि और रहस्यवादी होने की राह
बन्द हुई जाती है।

नेमत

कविता भक्ति की लिखूँ
या शृंगार की,
सविता एक ही है,
जो शब्दों में जलता है।

अक्षर चाहे जो भी उगें,
कलम के भीतर
भगवान मौजूद रहते हैं।

दूसरों से मुझे जो कुछ कहना है,
वह बात प्रभु पहले
मुझसे कहते हैं।

करुण काव्य लिखते समय
कवि पीछे रोता है,
भगवान पहले रोते हैं।

क्रोध की कविता
भगवान का भौं चढ़ाना है।

और प्रशंसा नर की करो
या नारी की,

भगवान नाराज़ नहीं,
खुश होते हैं।

कविता सबसे बड़ा तो नहीं,
फिर भी अच्छा वरदान है।

मगर मालिक की अजब शान है।

जिसे भी यह वरदान मिलता है,
उसे जीवन भर पहाड़ ढोना पड़ता है।
एक नेमत के बदले
अनेक नेमतों से हाथ धोना पड़ता है।

रक्षा करो देवता

रक्षा करो! रक्षा करो!
देवता! हमारा क्या गुनाह है?
तीन ककारों में पड़ी दुनिया तबाह है।

संसार तुमने बहुत सोच-समझ कर रचा है।
मगर, एक-एक से पूछ कर देख लो,
कामिनी, कंचन और कीर्ति से कौन बचा है!

मुनियों ने मेनका को गोद में बिठाया।
राजाओं ने कंगालों का कोष चुराया।

और कीर्ति?
यह चश्मा तो सर्वत्र उबलता है।
शहीद शहीद की जड़ खोदते हैं
और एक साधु दूसरे साधु से जलता है।

सच है कि कामिनी काल पा कर छूट जाती है।

लेकिन कंचन और कीर्ति?
रक्षा करो, रक्षा करो देवता!
जब तक जीवित हैं,
कुछ न कुछ खाना ही पड़ेगा।
जितने अच्छे हैं,
उससे ज्यादा बताना ही पड़ेगा।

बच्चे

जी चाहता है, सितारों के साथ
कोई सरोकार कर लूँ।
जिनकी रोशनी तक हाथ नहीं पहुँचते,
उन्हें दूर से प्यार कर लूँ।

जी चाहता है, फूलों से कहूँ,
यार! बात करो।
रात के अँधेरे में यहाँ कौन देखता है,
जो अफवाह फैलायेगा
कि फूल भी बोलते हैं,
अगर कोई दर्द का मारा मिल जाये,
तो उससे अपना भेद खोलते हैं?

आदमी का मारा आदमी
कुत्ते पालता है।
मगर, मैं घबरा कर
बच्चों के पास जाना चाहता हूँ,
जहाँ निर्द्वन्द्व हो कर बोलूँ,
हँसूँ, गाऊँ, चुहलें मचाऊँ
और डोलूँ।

बूढ़ों का हलकापन
बूढ़ों को पसन्द नहीं आता है।

मगर, बच्चे उसे प्यार करते हैं।
भगवान की कृपा है
कि वे अभी गंभीरता से डरते हैं।

सूर्य

सूर्य, तुम्हें देखते-देखते
मैं वृद्ध हो गया।

लोग कहते हैं,
मैंने तुम्हारी किरणें पी हैं,
तुम्हारी आग को
पास बैठ कर तापा है।

और अफवाह यह भी है
कि मैं बाहर से बली
और भीतर से समृद्ध हो गया।

मगर राज़ की बात कहूँ,
तो तुम्हें कलंक लगेगा।

ताकत मुझे अब तुमसे नहीं,
अंधकार से मिलती है।
जहाँ तक तुम्हारी किरणें
नहीं पहुँचतीं,
उस गुफा के हाहाकार से मिलती है।

वैराग्य

जो कमरा सदियों से बंद है,
उसकी ताली मुझे मिल गयी है।
मगर मैं कमरा खोलता नहीं,
ताली को जतन से जुगाये चलता हूँ।

शीतलता प्राप्त हो सकती है।
मगर जलन की आदत पड़ गयी है,
इसलिए शौक से जलता हूँ।

जलने से घबरा कर मुक्ति नहीं खोजूँगा।
वैराग्य जीवन से
भागने का नाम नहीं है।

पुरुषार्थ सही है।
किन्तु भाग्य का चक्र
आयास से नहीं फिरता है।
पत्ता जब पक जाता है,
वृक्ष से वह अनायास गिरता है।

कविता और आत्मज्ञान

कविता क्या है?
महर्षि रमण ने कहा।
मानसिक शक्तियों का मन्थन कर
कीर्ति उत्पन्न करना,
मन में जो आकृतियाँ घूम रही हैं,
उन्हें निकाल कर
बाहर के अवकाश को भरना।

किन्तु, आत्मज्ञान की राह में
इस शक्ति को भी सोना पड़ेगा।

यानी कवि को भी अकवि होना पड़ेगा।

जूठा पत्ता

रामकृष्ण और रमण,
रोग की यातना दोनों ने सही थी।
मगर अपने अन्तिम दिनों में
महर्षि ने एक बात कही थी।

जीवन भोज है,
शरीर केले का पत्ता है।

इस पत्ते पर आदमी
भोजन तो बड़े प्रेम से करता है।
लेकिन खाना खत्म होते ही
वह उसे फेंक देता है।

जूठा पत्ता भी कभी कोई
सँभाल कर धरता है?

ज्ञान का रास्ता

किताबें पढ़ीं
मन का मन्थन किया,
खूब सोचा-समझा और जाँचा।

लेकिन ज्ञान का रास्ता
मुझे रास नहीं आता है।
बिलकुल शुद्ध हिन्दी में पुकारता हूँ,
तब भी आराध्य पास नहीं आता है।

चारों ओर से हारा हुआ
मैं पराजय का गीत गाता हूँ।
अपना टूटा हुआ अहंकार
तुम्हारे चरणों पर चढ़ाता हूँ।

अपना यह ज्ञान वापस लो
और देवता, मुझे भक्ति दो।

जानता हूँ कि जो वसन्त चला गया,
वह अब और नहीं लौटेगा।
लेकिन चिरन्तन निदाघ भेजा है,
तो उसे सहने की शक्ति दो।

रे मन

कहता हूँ,
रे मन, अब नीरव हो जा।
ससर सर्प के सदृश,
जहाँ है उत्स, वहाँ पर सो जा।

साखी बन कर देख,
देह का धर्म सहज चलने दे।

जो तेरा गन्तव्य,
वहाँ तक चल कर कौन गया है?

गल जाने दे स्वर्ण,
रूप में उसे स्वयं ढलने दे।

आराधना

प्रभो, तुम्हारा नाम बाती है,
शरीर दीया है,
वेदना तेल है।
तीनों का कितना
अच्छा मेल है!

शीतलता बढ़ती है,
आँखें जब नम होती हैं।
नाम जितना ही उजलता है,
वेदना उतनी ही कम होती है।

नीरवता

रात ने चुप्पी साध ली है।
सपने शान्ति में समा गये हैं।
अन्तःकपाट आप-से-आप
खुलने लगा है।
देवता शायद दरवाजे पर आ गये हैं।

असंभव

टहलना छोड़ दूँ,
यह हो सकता है।
लेकिन टहलूँ
और जमीन से पाँव न लगे,
यह अनहोनी बात है।

पानी से दूर रहूँ,
यह संभव है।
लेकिन पानी में तैरे
और वस्त्र न भीगे,
यह करिश्मा कौन कर सकता है?

अगर यह कमजोरी है,
तो इसका राज़ क्या है?
अगर यह बीमारी है,
तो इसका इलाज क्या है?

तब भी तेरी महिमा अपार है।
तू चाहे, तो यह असमर्थता भी
हर सकता है।

इसीलिए तो ऐसे लोग हैं,
जो पाँव छुलाये बिना

जमीन पर चलते हैं।
और आग में खड़े हो कर भी
नहीं जलते हैं।

शान्ति की कामना

पानी का अचल होना
मन की शान्ति और आभा का प्रतीक है।

पांनी जब अचल होता है,
उसमें आदमी का
मुख दिखलायी पड़ता है।
हिलते पानी का बिम्ब भी हिलता है।

मन जब अचल पानी के
समान शान्त होता है,
उसमें रहस्यों का रहस्य मिलता है।

मन रे, अचल सरोवर के समान
शान्त हो जा।

जग कर तूने जो भी खेल खेले,
सब गलत हो गया।
अब सब कुछ भूल कर
नींद में सो जा।

बुढ़ापा

बुढ़ापा, तुम से मेरी दोस्ती नहीं,
लड़ाई है।
तुम्हारा आना दोस्त का आना नहीं,
दुश्मन की चढ़ाई है।

तुम अकेले नहीं आये,
विपत्तियों की फौज
सजा कर लाये हो।

लेकिन, मैं आत्मसमर्पण
नहीं करूँगा।
जवानी की आखिरी दीवार से
पीठ लगा कर
मै तुमसे अन्त तक लड़ूँगा।

आन्तरिक ऋतु

बाहर तो वसन्त अब और
आयेगा नहीं।
मन रे, भीतर कोई वसन्त
पैदा कर।

वसन्त यानी मौसम और मिजाज
के बीच समरसता।

निदाघ हो, तब भी
फूलों के लिए रोना नहीं।
पक्षी सारे उड़ गये,
अब डालियाँ सूनी हैं,
यह सोच कर ग्लानि में खोना नहीं।

हम मौसम में नीरव
और निश्चिंत रहना।
वसन्त की नदी की भाँति
मन्द-मन्द बहना।

बेफिक्र

आनन्द है पेड़ से लग कर
गाने में,
खुली किताब हाथ में धरे-धरे
पलंग से उठँग कर
सो जाने में।

चिन्ता की शक्ति
जीवन का ज्वर है।
सोचना सभी दुखों का घर है।

बाँस के कुंज में बैठो
और चाय पियो।
जैसे चीन के पुराने सन्त जीते थे,
वैसे निश्चिन्त जियो।

कमरा खाली है

कमरा खाली है
और बत्ती जल रही है।
कीड़े-मकोड़े कहीं नहीं दीखते।
फिर भी दीवार पर
एक छिपकली चल रही है।

मेज पर फूलों का गुलदस्ता है
ताजा और रंगीन।
वह कुछ बोलना चाहता है।

फुलवारी में सारे राज
आशकार नहीं हुए।
वह कमरे में भी कोई भेद
खोलना चाहता है?

लेकिन वह मौन है।
उसकी बात सुनने वाला कौन है!

कमरा खाली है
और बत्ती जल रही है।

आना और जाना

जीवन से चिपकना
और मृत्यु से घृणा करना,
पूराने मर्द ये बातें नहीं जानते थे।
अस्ताचल पर न तो वे रोते थे,
न उदयाचल पर खुशी मानते थे।

जीवन के बारे में उन्हें न तो आसक्ति थी,
न दुनिया के बारे में कोई भ्रम था।
आने की उन्हें न तो खुशी थी,
न जाने का गम था।

बीज पहले पौधा बनता है
और फिर वृक्ष।
और फिर टूट कर
वह धरती पर सो जाता है।
प्रकृति का नियम कितना सरल है!

आदमी भी मरता नहीं,
लौट कर अपने घर जाता है।
कौन कहता है कि वह
अनस्तित्व में खो जाता है?

घर की राह

कहते हैं, मृत्यु से सभी डरते हैं।
तो हम, सब-के-सब,
उस बच्चे के समान हैं,
जो कई दिन पहले
घर से निकल कर
मेले में आया था।

मेला टूट गया
और बच्चा अब घर लौटना चाहता है।
लेकिन घर की राह वह जानता ही नहीं है।

और घर लौटने की जो राह
आप-से-आप आन मिली है,
उसे वह पहचानता ही नहीं है।

देवता और प्रेत

कवि के मन में देवता और प्रेत,
दोनों बसते हैं।
प्रेत जब कलम में घुस कर
कविता लिखता है,
देवता हँसते हैं।

देवता की राह हिंसा नहीं,
अहिंसा की राह है।

वे इन्द्रियों से लड़ते नहीं,
पुचकार कर उन्हें पास बुलाते हैं।

देवता के पास
पीपल की छाया होती है।
वे छाँह में इन्द्रियों को
प्रेम से सुलाते हैं।

लेकिन प्रेत कहता है,
जीवन से युद्ध करो,
मारो, मारो, इन्द्रियों को मारो
और अपने को शुद्ध करो।

आँख, कान, नासिका और त्वचा

क्या हमने इसीलिए पायी थीं?
इन्द्रियाँ क्या केवल
मार खाने को आयी थीं?

देवता अच्छे हैं
कि कीचड़ में ईंट नहीं फेंकते हैं;
न पंचधूनी जला कर
अपनी इन्द्रियों को सेंकते हैं।

प्रेम

तुम बहुत ऊँचाई पर हो।
चाहता हूँ कि सीढ़ी लाऊँ
और चढ़ क़र देखूँ
कि तुम्हारी आँखों में
मेरा कौन बिम्ब बसता है।

शायद मैं भी कभी ऊँचाई पर था।

इसीलिए मुझे राह मिली थी
तुम्हारी आँखों में जाने की,
जो मेरे क्षितिज से दूर था,
उसे अपनी बाँहों में पाने की।

वियोग

तुम जा रही हो, तो जाओ।

बड़े भाग्य से नारी नर को
और नर नारी को पाता है।

मगर यह सब तभी तक है,
जब तक हम जीवित हैं।

मुर्दा न तो वियोग से डरता है,
न चुम्बन के लिए ललचाता है।

सिन्दूरघोरे का कैदी

प्रेम करूँगा,
मगर तुम्हें अपना
मालिक नहीं मानूँगा।
प्रेम पुष्प है, तलवार नहीं है।

जिससे हम प्रेम करते हैं,
वह साथी और बगलगीर होता है।
आलिंगन में बँधने वाला
जंग का सिपहसालार नहीं है।

मगर तुम तो चाहती हो
कि मैं कहीं से भी आजाद न रहूँ,
तुम्हें छोड़कर
और किसी को याद न रहूँ,

मर्द को सिन्दूरघोरे में बन्द करना
क्या कोई अच्छा नेम है?
या उसे अंचल की गिरह में बाँध कर
पीठ पर फेंक देना क्या प्रेम है?

मुक्त

मैंने अपनी बिखरी शक्तियाँ
समेट ली हैं।
तुम्हारा जादू मैंने आजमा लिया है।
अब रेशम का जाल फेंकना बेकार है।
मोहिनी, मैंने फिर से
अपने आप को पा लिया है।

तुमने मेरे पैरों में
जो सोने की साँकलें डाली थीं,
वे टूट गयीं।

वह प्याला मैंने फेंक दिया
जिससे तुम मुझे आसव पिलाती थीं।

उन गीतों का असली अर्थ
मुझ पर अब खुला है,
जिन्हें तुम मुझे गोद में लिटा कर
बड़े प्रेम से गाती थीं।

सुस्ताने के बहाने मैं कुछ ज्यादा ही
सो गया।

लेकिन आदमी जब जगे,

तभी उसका प्रभात है।
मोहिनी, भगवान तुम्हारी रक्षा करें।
तुम भूलो या याद रखो,
मेरे लिए एक ही बात है।

कृतज्ञता-ज्ञापन

वासना को विज्ञान
बनाने वाली, सुनो।
देह की वाटिका में स्वर्ग की
झलक दिखाने वाली, सुनो।

शिराओं में कवित्व
सरसाने वाली, सुनो।
सपने में आने-जाने वाली, सुनो।

सुनो, जो मुझ पर आशीर्वाद
बन कर छायी थी।
सुनो, जो मन से निकल कर
मेरी हथेली पर आयी थी।

मेरी पूजा में पगी रहने वाली, सुनो।
शाम से सुबह तक जगी रहने वाली, सुनो।

सुनो जिसे देख कर
मैं दुर्दिन में जिया था,
सुनो, जिसके साथ
वस्त्र भिगोये बिना
मैंने सागर पार किया था।

केवल दृष्टि से
आयु प्रदान करने वाली, सुनो।
मुझे कल्पना
और उमंग से भरने वाली, सुनो।

सुनो, जिसका सौरभ
मेरे प्राण में व्यापा है।
सुनो, जिसने मुझे
काँगड़ी बना कर तापा है।

मेरे पौरुष का उत्पीड़न
सहने वाली, सुनो।
बिना कुछ बोले
सब कुछ कहने वाली, सुनो।

सुनो, जो आँखों के आगे
केवल आयी गयी हो;
फिर भी मेरे दर्पण में
जिसका बिम्ब पड़ा है;
सुनो, जो मेरी कविता में
जहाँ-तहाँ पायी गयी हो।

तुम, जो मेरी कल्पना में पली हो।
तुम, जो जीवन के झरोखे पर
चिराग बन कर जली हो।

तुम, जो मेरे लिए
उजले और लाल,
दोनों रंग के फूल लायी थीं।

तुम, जो माता, बहन
और सखी का
रूप धर कर आयी थीं।

तुम सब का जो ऋण है,
उसे गीत में चुकाता हूँ।
कृतज्ञता में तुम्हारे सामने
मस्तक झुकाता हूँ।

कविता और काम

कवि,
तुम्हारे हृदय को पवित्र जान कर
देवताओं ने तुममें आश्रय लिया था।
और भगवान ने
तुम्हें यह वरदान दिया था

कि सौन्दर्य जहाँ भी रहेगा,
तुम पहचान लोगे।
जिस कन्दरा में
सूर्य की किरणें नहीं पहुँचतीं,
वहाँ का भी रहस्य तुम जान लोगे।

साधुनी जब कुछ नहीं देखने का
बहाना करेगी,
तुम देखोगे कि वह किसी पुरुष के
ध्यान में है।

और मर्द जब भभूत रमा कर
समाधि में बैठेगा,
तुम समझ जाओगे कि
भीतर से वह तड़प रहा है,

क्योंकि मूर्ति मन्दिर में रह गयी है।

असल में कोई नारी उसके प्राण में है।

ईश्वर ने आशा की थी
कि तुम सब को देखोगे,
सब को क्षमा करोगे,
सब से बोलोगे-हँसोगे,
मगर इस गर्त में तुम खुद
नहीं फँसोगे।

मगर तुम्हारे पंख
मधु में फँस गये,
तुमने उड़ना छोड़ दिया।
जाना था तुम्हें ऊपर की ओर,
लेकिन अपना जहाज
तुमने नीचे की ओर
मोड़ दिया।

भगवान को अचरज है
कि यह क्या हो गया।
तुम्हारे भीतर का देवता
पछताता है,
हाय, मैं कहाँ आकर
खो गया?

परंपरा

परंपरा को अन्धी लाठी से मत पीटो।
उसमें बहुत कुछ है
जो जीवित है,
जीवन-दायक है,
जैसे भी हो,
ध्वंस से बचा रखने के लायक है।

पानी का छिछला हो कर
समतल में दौड़ना,
यह क्रान्ति का नाम है।
लेकिन घाट बाँध कर
पानी को गहरा बनाना,
यह परंपरा का काम है।

परंपरा और क्रान्ति में
संघर्ष चलने दो।
आग लगी है, तो
सूखी टहनियों को जलने दो।

मगर जो टहनियाँ
आज भी कच्ची और हरी हैं,
उन पर तो तरस खाओ।
मेरी एक बात तुम मान जाओ।

परंपरा जब लुप्त होती है,
लोगों की आस्था के आधार
टूट जाते हैं।
उखड़े हुए पेड़ों के समान
वे अपनी जड़ों से छूट जाते हैं।

परंपरा जब लुप्त होती है,
लोगों को नींद नहीं आती,
न नशा किये बिना
चैन या कल पड़ती है।

परंपरा जब लुप्त होती है,
सभ्यता अकेलेपन के
दर्द से मरती है।

कलमें लगाना जानते हो
तो जरूर लगाओ,
मगर ऐसे कि फलों में
अपनी मिट्टी का स्वाद रहे।

और यह बात याद रहे
कि परंपरा चीनी नहीं, मधु है।

वह न तो हिन्दू है, न मुस्लिम है,
न द्रविड़ है, न आर्य है,
न परंपरा का हर प्रहरी
पुरी का शंकराचार्य है।

उपदेशक

मुजरिम हो कर
मुजरिमों को सुधारने का काम,
यह भी एक स्वांग है
और यह स्वांग हम सभी लोग
भरते हैं।

जिन मजों से हम दूसरों को
रोकना चाहते हैं,
उनसे खुद परहेज नहीं करते हैं।

वैतरणी के छींटे किस पर नहीं पड़े हैं?
किसके दामन पर
फूलों के रस का दाग नहीं है?

सपने की देह को नंगी उँगली से
छूने का लोभ किसमें नहीं जगा है?
कौन इतना जर्जर है
कि उसमें जवानी की आग नहीं है?

तो उपदेशकों
आओ, हम ईमानदार बनें
और मानवता को डरायें नहीं,
बल्कि यह कहें–

कि जिस सरोवर का जल पीकर
तुम पछताते हो,
उस तालाब का पानी
हमने भी पिया है।
और जैसे तुम हँस-हँस कर रोते
और रो-रो कर हँसते हो,
इसी तरह हँसी और रुदन से
भरा जीवन हमने भी जिया है।

गनीमत है कि हर पापी का भविष्य है,
जैसे हर सन्त का अतीत होता है।
आदमी घबरा कर व्यर्थ रोता है।

यह बात दूसरी है
कि कोई समृद्धि में है,
कोई अभाव में है।
मगर जहाँ तक मन का सवाल है,
हम सब एक ही नाव में हैं।

सदियों से हमने तुम्हें धोखा दिया है।
मगर अब हम तुम्हें और नहीं भरमायेंगे।
जहाँ तक पहुँच कर हम रुक गये हैं,
उससे आगे का रास्ता तुम्हें नहीं बतायेंगे।

एकोऽहम्

मैं दानव से छोटा नहीं,
न वामन से बड़ा हूँ।
सभी मनुष्य एक ही मनुष्य हैं।
सब के साथ मैं आलिंगन में खड़ा हूँ।

वह जो हार कर बैठ गया,
उसके भीतर मेरी ही हार है।
वह जो जीत कर आ रहा है,
उसकी जय में मेरी ही जयजयकार है।

मैं ही दाना डालनेवाला बुड्ढा रईस हूँ;
मैं ही वह पक्षी हूँ, जो दाना चुगता है।
बैल की पीठ पर बेरहमी से बेंत मत मारो।
मेरी पीठ पर उसका निशान उगता है।

पत्ते का पीला होना
पूरे वृक्ष का रोग है।

यह मात्र संयोग है
कि एक पत्ता पीला है, बाकी हरे हैं।

एक व्यक्ति पातक इसलिए करता है
कि सबके भीतर पाप के भाव भरे हैं।

जहाँ भी पुण्य की वेदी है,
मैं अगुरु का धुआँ हूँ,
मंडप से झूलता
फूलों का वन्दनवार हूँ।
और जो भी पाप करके लौटा है,
उसके पातक में मैं बराबर का हिस्सेदार हूँ।

एक उपकारी सबके गले का हार है।
और जिसने मारा या जो मारा गया है
उनमें से हर एक हत्यारा है,
हर एक़ हत्या का शिकार है।

भगवान के डाकिये

पक्षी और बादल,
ये भगवान के डाकिये हैं,
जो एक महादेश से
दूसरे महादेश को जाते हैं।

हम तो समझ नहीं पाते हैं,
मगर उनकी लायी चिट्ठियाँ
पेड़, पौधे, पानी और पहाड़
बाँचते हैं।

हम तो केवल यह आँकते हैं,
कि एक देश की धरती
दूसरे देश को सुगन्ध भेजती है।
और वह सौरभ हवा में तैरते हुए
पक्षियों की पाँखों पर तिरता है।

और एक देश का भाप
दूसरे देश में पानी
बन कर गिरता है।

ईश्वर

जिन्दगी न जन्म के साथ पैदा होती है,
न मृत्यु के साथ मरती है।
जन्म ले कर वह जिसे खोजती है,
मर कर भी उसी की तलाश करती है।

और ईश्वर आसानी से
हमारी पकड़ में नहीं आता।
उसकी कृपा यह है कि वह
हमें जन्म देता
और फिर मारता है।

जन्म और मरण,
दोनों खराद के चक्के हैं।
ईश्वर हमें तराश-तराश कर
सँवारता है।

और जब हम पूरी तरह सँवर जाते हैं,
ईश्वर अपने आपको हमें सौंप देता है।

सँवरी मूर्तियाँ केन्द्र से
अलग नहीं रहतीं।
ईश्वर या तो उनमें विलय होता है
या उन्हें अपने में
लीन कर लेता है।

लेन-देन

लेन-देन का हिसाब
लम्बा और पुराना है।

जिनका कर्ज हमने खाया था,
उनका बाकी हम चुकाने आये हैं।
और जिन्होंने हमारा कर्ज खाया था,
उनसे हम अपना हक पाने आये हैं।

लेन-देन का व्यापार अभी लम्बा चलेगा।
जीवन अभी कई बार पैदा होगा
और कई बार जलेगा।

और लेन-देन का सारा व्यापार
जब चुक जायेगा,
ईश्वर हमसे खुद कहेगा–

तुम्हारा एक पावना मुझ पर भी है,
आओ, उसे ग्रहण करो।
अपना रूप छोड़ो,
मेरा स्वरूप वरण करो।

करघा

हर जिन्दगी कहीं न कहीं
दूसरी जिन्दगी से टकराती है।
हर जिन्दगी किसी न किसी
जिन्दगी से मिल कर एक हो जाती है।

जिन्दगी जिन्दगी से
इतनी जगहों पर मिलती है
कि हम कुछ समझ नहीं पाते
और कह बैठते हैं, यह भारी झमेला है।
संसार संसार नहीं,
बेवकूफियों का मेला है।

हर जिन्दगी एक सूत है।
और दुनिया उलझे हुए सूतों का जाल है।
इस उलझन का सुलझाना
हमारे लिए मुहाल है।

मगर जो बुनकर करघे पर बैठा है,
वह हर सूत की किस्मत को
पहचानता है।
सूत के टेढ़े या सीधे चलने का
क्या रहस्य है,
बुनकर इसे खूब जानता है।

तुलसीदास

ईश्वर के आसन के नीचे
जो खजाना गड़ा था,
आपने उसे उखाड़ लिया।

और कवि कविता करते रहे,
आपने कविता के माध्यम से
अपने आपको उबार लिया।

तुलसीदास जी,
आप पर मेरी श्रद्धा अटूट है।
लेकिन मैं आपकी नक़ल नहीं करूँगा।

परंपरा की पूजा नहीं करना।
पानी के बिना प्यास से मरना है।
और परंपरा की नकल करना
अपने गले पर शाणित कृपाण धरना है।

अनास्था

कविता लिखते हुए
मुझे भय लगता था।
कविता लिखते हुए
मैं अब भी थरथराता हूँ।
मानो मैं कुमारी नारी होऊँ
और यह पहली ही बार हो।

पहले कविता में लोग
रस और आनन्द
खोजते थे।

कविता पढ़ने या सुनने
वे इसलिए आते थे
कि क्षण भर को वे
होश-हवास खो सकें,
संसार के बन्धनों से छूट कर
हवा के साथ एक हो सकें।

अब कविता कहती है,
मैं आकाश में नहीं,
धरती पर चलूँगी।

जो कुछ धरती पर नहीं है,

वह छूँछा और झूठ है।
इन खोखले आदर्शों के खिलाफ
मैं क्रोध से जलूँगी।

क्रोधवती कविता से
मेरा निकट का परिचय है।
उसके सारे नखरे
मैं शौक से सहूँगा।

लेकिन अगर कोई
यह पूछ बैठे
कि तेरी कविता में
अनास्था कहाँ है?
तो समझ में नहीं आता
कि मैं क्या कहूँगा!

भूमिका

भूमिका तो मैंने बहुत लम्बी लिखी,
मगर असली किताब
खाली की खाली है।

अँधेरे में मैंने जो अक्षर लिखे थे,
देखता हूँ, वे उगे ही नहीं।

आत्मज्ञान से भी शान्ति नहीं,
अशान्ति ही बढ़ती है।
है कहीं वह आँख
जो अन-उगे अक्षरों को पढ़ती है?

शब्दों से मैंने एक पुल बनाया था।
आशा थी, लोग उस पर चढ़ कर
आयेंगे-जायेंगे।

मैं उन्हें पुल पर आते-जाते देखूँगा,
वे भी मुझे एक ओर खड़ा पायेंगे।

मैं तो पुल के सिरे पर
आज भी बसता हूँ।

लेकिन कोई आदमी इस पुल को

पार नहीं करता।
अपनी बेवकूफी पर
मैं मन-ही-मन हँसता हूँ।

कुंजी

घेरे था मुझे तुम्हारी साँसों का पवन,
जब मैं बालक अबोध अनजान था।

यह पवन तुम्हारी साँस का
सौरभ लाता था।
उसके कंधों पर चढ़ा
मैं जाने कहाँ-कहाँ
आकाश में घूम आता था।

सृष्टि शायद तब भी रहस्य थी।
मगर कोई परी मेरे साथ में थी;
मुझे मालूम तो न था,
मगर ताले की कुंजी मेरे हाथ में थी।

जवान हो कर मैं आदमी न रहा,
खेत की घास हो गया।

तुम्हारा पवन आज भी आता है
और घास के साथ अठखेलियाँ करता है,
उसके कानों में चुपके-चुपके
कोई संदेश भरता है।

घास उड़ना चाहती है

और अकुलाती है,
मगर उसकी जड़ें धरती में
बेतरह गड़ी हुई हैं।
इसलिए हवा के साथ
वह उड़ नहीं पाती है।

शक्ति जो चेतन थी,
अब जड़ हो गयी है।
बचपन में जो कुंजी मेरे पास थी,
उम्र बढ़ते-बढ़ते
वह कहीं खो गयी है।

दर्द

जीवन दर्द का झरना है।
जो भी जीते हैं, दर्द भोगते हैं।
और दर्द भोगते-भोगते ही
हमें मरना है।

दर्द नियति की दूकान की निहाई है।
दर्द भगवान के हाथ का हथौड़ा है।

देवता हम पर चोटें देकर
हमें सँवारता और गढ़ता है।

शायद यह बात सच है
कि आदमी दर्द में विकसित होता,
खूबसूरत बनता और बढ़ता है।

हार

हार कर मेरा मन पछताता है।
क्योंकि हारा हुआ आदमी
तुम्हें पसन्द नहीं आता है।

लेकिन लड़ाई में मैंने कोताही कब की?

कोई दिन याद है,
जब मैं गफलत में खोया हूँ?
यानी तीर-धनुष सिरहाने रख कर
कहीं छाँह में सोया हूँ?

हार आदमी की किस्मत में लिखी है।
जीत केवल संयोग की बात है।

किरणें कभी-कभी कौंध कर
चली जाती हैं,
नहीं तो, पूरी जिन्दगी
अँधेरी रात है।

अंहकार विसर्जन

घड़ी थी, जंब मैं माथे को
उतान किये चलता था।
जैसे आकाश में सूर्य जलता है,
वैसे ही धरती पर जलता था।

लेकिन जिन्दगी ने इतनी ठोकरें मारीं
कि माथा आपसे आप झुक गया।

सूर्य से होड़ लेने की उमंग
अब भी उठती है,
लेकिन लोहू में जो ताप था,
लगता है, चुक गया।

देवता, तुमने देह धर कर
मुझे लूटा है।
फिर भी संतोष है
कि मेरा अंहकार
तुम्हारे चरणों पर टूटा है।

कीर्त्ति

रवीन्द्रनाथ ने कहा था,
आमार कीर्त्ति रे,
आमि कोरि ना विश्वास।

तो फिर मैं ही अपनी कीर्त्ति का
भरोसा क्यों करूँ?

मैं जिस डाल पर खड़ा हूँ,
वह टूटने वाली है।

जिस मटकी में मैंने
कीर्त्ति का दही सँजोया है,
वह फूटने वाली है।

कीर्त्ति कमाने वाले कितने ज्यादा लोग हैं!
काल अमिट संगमरमर के सिंहासन
कितनों के लिए बिछायेगा?

समय का पट बड़ा है,
फिर भी वह बहुत बड़ा नहीं है।

अगर काल चाहे भी
तो सबकी लिखावटें

अपनी छाती पर आँक नहीं सकता।

आकाश में जहाँ अगणित
नक्षत्र जगमगाते हैं,
रुपहलें तारों से वहाँ
सभी के नाम टाँक नहीं सकता।

क्या पता, मेरा सोना मिट जाय
और लोहा बचे;
सभी कृतियों के बीच
समर्पण का कोई एक पद,

जो आज उपेक्षित है,
शायद वही पंक्ति
अथवा कोई छप्पय
या दोहा बचे।

मशाल

लोग कहते हैं,
तुम्हारी मशाल
दूर-दूर तक जल रही है।
जनता तुम्हारी रोशनी में चल रही है।

इस बात पर यकीन तो नहीं होता,
मगर हृदय गुदगुदाता और काँपता है।
और तब कोई मेरी ऊँचाई नापता है।

लोग मुझें नहीं जानते,
मगर मैं अपने-आपको जानता हूँ।
जिसका ढोल चारों ओर पिट रहा है,
उसे मैं खूब पहचानता हूँ।

इसीलिए मैं अपनी कीर्त्ति से डरता हूँ।
और बार-बार यह प्रार्थना करता हूँ।

कि हे प्रभो,
कठिन घड़ी में काम आओ।
लोग मुझे जैसा समझते हैं,
तुम मुझे वैसा ही बनाओ।

साफ सुथरा, पारदर्शी और ईमानदार,

ईश्वर से डरने वाला,
परम्परा का आदर करने वाला।

अभागों के लिए रोने की बान छूटे नहीं।
मटमैली धरती से सरोकार टूटे नहीं।

बुढ़ापे की शिराओं में
जवानी का रस मौजूद रहे।
अन्याय के विरोध का साहस मौजूद रहे।

कनफ्युसियस

मेरी चुप्पी की
दोस्तों में चर्चा होती है।

वे सोचते हैं, कवि कवि-सा
तो अभी भी दिखता है,
लेकिन कविता छोड़ कर
वह गद्य क्यों लिखता है?

राज न तो बहुत मोटा है,
न ज्यादा महीन है।
गम के मौसम से नजात मुश्किल है।
अरसे से कवि चिन्ता में तन्मय
और दर्द से गमगीन है।

कनफ्युसियस अक्ल की बातें
तो रोज बताता था,
मगर जिस दिन वह रोता था,
उस दिन गीत नहीं गाता था।

अध्यात्म

तुम्हारा कुसूर यह है
कि तुम बड़ी ऊँचाई
पर चले गये।

बादल में छिपे पक्षी के समान
तुम्हें देखना भी मुहाल है।

और बाकियों का यह हाल है
कि वे खाते-पीते और मौज करते हैं।
आसमान में उड़ने की
उन्हें कोई उमंग नहीं है;
न वे धरती से चिपके
रहने से डरते हैं।

लेकिन खाना खाते हुए भी
रोटी का असली स्वाद
कितनों को मिलता है?

माना कि बाग जो भी चाहे,
लगा सकता है।
लेकिन वह फूल किसके
उपवन में खिलता है,
जिसके रंग तीनों लोकों

की याद दिलाते हैं
और जिसकी गन्ध पाने को
देवता भी ललचाते हैं?

माला

जीवन की योजना
मैंने बनायी ही नहीं।
ज़िन्दगी खत्म हो चली,
मगर यह अक्ल कभी आयी ही नहीं।

जहाँ खूबसूरती मिली,
थोड़ी देर रुका रहा।
जहाँ सन्त मिले,
हाथ जोड़ कर झुका रहा।

दूसरों से ज्ञान सीख कर
शिक्षा दी है।
कभी-कभी भीख माँग कर भी
भिक्षा दी है।

जब जवानी थी,
आग से जलता था।
पहाड़ों पर बड़ी तेजी से
चलता था।

अब तो फुलवारी से
बहार जा रही है।
तुमने जो माला पहनायी थी,
गले में मुरझा रही है।

आनन्द और शोक

भगवान ने सोने के प्याले में
आनन्द भर कर
मनुष्य को दिया

और कहा,
इसे पियो
और मस्ती में फूल जाओ।
केवल आज का दिन ही सही है।
अतीत और भविष्य,
दोनों को भूल जाओ।

भगवान ने मिट्टी के प्याले में
शोक भर कर
मनुष्य को दिया

और कहा,
इसे पियो
और आनन्द का अर्थ समझो।

अन्त में सबकी किस्मत में
आँसू लिखा है।
दुनिया में जो भी चाकचिक्य है,
उसे व्यर्थ समझो।

भग्न वीणा

रागिनी तो तब भी कड़वी थी।
मगर वीणा पहले हमेशा
सुर में गाती थी।

जब दीपक बजाता था,
पेड़ों से दावानल फूट पड़ता था।
और जब मल्हार गाता,
तब इन्द्रधनुष उगते
और घटा धरती के
पास चली आती थी।

तब, न जाने, मुझसे
क्या कसूर हुआ
कि तुझे क्रोध आ गया।

तूने मेरी आवाज को तोड़ दिया।
वीणा तो मेरी गोद में ही रही,
लेकिन तूने उसके तारों को
मरोड़ दिया।

अब दीपक गाता हूँ,
तो मेरा अपना कंठ जलता है।

पेड़ों की छाती से
दावानल नहीं फूटता।

और मल्हार अब मेरे लोहू की
ऊमस का नाम है।
उसे सुन कर व्योम से
धाराधर नहीं छूटता।

मुझमें जो कुछ था,
तेरा प्रभाव था।
वह प्रभाव मैं वापस नहीं माँगता हूँ।

रात-रात भर केवल
इस उम्मीद में जागता हूँ
कि तू आये और गीतों का कोष
तेरे चरणों पर धर दूँ।

जो वीणा अब ठीक से नहीं बोलती,
उसे हमेशा के लिए
तुझे वापस कर दूँ।

माँ

माँ, तुम्हारे कई भक्त बतलाते हैं
कि जब वे समाधि में जाते हैं,
अन्धकार से उनकी बात होती है।

और अन्धकार कहता है
कि मैं क़ाला नहीं हूँ,
मेरी गोद में प्रकाश के
वृन्त हिलते हैं,
सोने की डालों में
चाँदी के फूल खिलते हैं।

मेरा तो प्रकाश भी मूर्च्छित है
और अँधेरा भी खामोश है।
चेतना इन्हें कब तक आयेगी?
और चाँदी के फूलोंवाली
सोने की डालियाँ
कब तक लहरायेंगी?

बाढ़

पानी जो बढ़ने लगा,
बढ़ता ही जाता है।
घर मेरा जल में डूबी हुई
घरनाई है।

पता नहीं, बाढ़ क्या
कहने को आई है!

बोलो, तुम्हारा क्या आदेश है?

खिड़की खोलूँ
और मछली की तरह
प्लावन में तैर जाऊँ?
या तुम्हारा इन्तजार करूँ?

कोई नाव तुम भेजोगे क्या?
इतना जो कुछ चारों ओर
टूट कर बिखर गया है,
उसे फिर करुणा से
सहेजोगे क्या?

समुद्र के किनारे

जब नाव बनाने के दिन थे,
मैं रथ के निर्माण में लगा रहा।

जिन्दगी भर इसलिए जगा रहा
कि काल चकमा देकर
कहीं आगे न निकल जाय।

लेकिन ऐसा भी भला कहीं होता है?

काल मुझे वहाँ छोड़ कर
आगे बढ़ गया,
जहाँ न तो वन है,
न उपवन है, न पहाड़ है।

मैं रेती पर खड़ा हूँ।
आगे गरजता हुआ पारावार है।

ऐसे में तुम कहाँ हो,
जिसे मैंने अपना आराध्य
माना है?

अदृश्य के माँझी!
कोई नाव भेजो,
मुझे भी पार जाना है।

वैद्य

जो सारी रात जगा था,
तुम्हारी प्रार्थना में लगा था,
उसके दरवाजे पर तुम रुके भी नहीं।
बिना कुछ दिये ही आगे चले गये।

मगर जो मस्ती के नशे में खोया था,
कुटिया को बन्द करके सोया था,
उसे तुमने जगाया,
गले से लगाया
और दान दिया।

तुम्हारी करुणा और क्रीड़ा का
जवाब नहीं।
मरहम वहाँ लगाते हो,
जहाँ घाव नहीं।

गरीबी और औरत

जैसे भी हो, जिन्दगी बसर करो।

गरीबी और औरत का असर
सभी कवियों पर होता है।
फर्क यह है कि कोई चुप रहता है
और कोई रोता है।

सोचो तो, तुलसीदास क्या अमीर थे
और बीवी उन्हें प्यार करती थी?
अरे चुप! तुलसीदास निर्धन थे।
मगर बीवी बड़ी ही जानदार थी।

अकारण ही वह उन्हें सताती थी,
अकारण ही हँसती, अकारण ही रोती
और अकारण ही मायके भाग जाती थी।

तभी तो तुलसीदास नींद से जागे,
धोती-लोटा ले कर घर छोड़ कर भागे।

गरीबी फिर भी कम दुखदायी होती है
मगर औरत?
औरत कमाल है।

तुलसी हों या टाल्सटाय,
इस मामले में दोनों का एक ही हाल है।

काठ के यंत्र

समस्या उतनी सरल नहीं है,
जितनी तुम बताते हो।
सब देखते हुए भी असली बात
तुम भूल जाते हो।

मसलन, मियाँ और बीवी के
कलेजे फट गये हैं।
यानी ऊपर आसमान में
वे एक दूसरे से काफी हट गये हैं।

मगर धरती पर तब भी
वे आलिंगन में बँधते
और प्यार करते हैं।

काठ के दो सूखे यंत्र
अपने आप से चालित,
बच्चे जनमा कर
खाली घर को भरते हैं।

मन गैरहाजिर है,
मगर देह बड़े जोश में हैं।
आजकल प्यार भी बेहोश नहीं,
होश में है।

सतही जीवन

प्रार्थना छोड़ कर
सब कुछ के लिए समय है।
प्रार्थना फालतू काम है।

सब से अच्छा अपना नाम है,
अगर वह अखबार में छपे।
जिसका नाम सब जपते हैं,
वह किसी और का नाम क्यों जपे?

दिन में दफ्तर की मेज़
और रात में सिनेमा!
बगल में कभी प्रेमलाल और कभी प्रेमा।

कामिनी और कंचन से भागना बेवकूफी है।
मौज़-मजे की ज़िन्दगी
क्या सबको मिलती है?
इस नींद से जागना बेवकूफी है।

अपने आपके चोर
सदर दरवाजे से घबराते हैं।
खिड़कियों की राह घर में आते-जाते हैं।

एकान्त और नीरवता उन्हें भारी लगती है।
भीतर जितना ही भय लगता है,
उतना ही और जोर से गाते हैं।

एकान्त की ओर

बिदको नहीं,
गुरूर में मुस्कुराओ नहीं।

कौन कहता है कि
तुम सब कुछ नहीं जानते हो?
मगर, दो-चार बातें
प्राचीनों को भी मालूम थीं।

मसलन, वे जानते थे
कि पावन पुष्प एकान्त में खिलता है।
और सब से बड़ा सुख
उसे मिलता है,

जो न तो किस्मत से नाराज है,
न भाग्य से रुष्ट है,
जिसकी जरूरतें थोड़ी
और ईमान बड़ा है;
संक्षेप में, जो अपने आपसे संतुष्ट है।

योग नहीं, तो प्रयोग ही सही,
मगर एक बार यह तो करो
कि हर औरत के पीछे भागना छोड़ दो।

झाँकियों का पागुर करते हुए
रात-रात भर जागना छोड़ दो।

कीर्त्ति बिना खोजे भी मिलती है,
मगर पहले कोई काम तो करो।
नाम करने से पहले
एकान्त में आराम तो करो।

हर खाली वक्त हर मुलाकात
और हर खाली कोने में गमले मत धरो,
कोई घड़ी ऐसी भी होनी चाहिए,
जब तुम अपने देवता से बात करो।

देवता नीरवता में आते हैं।
और मन जब शोर करता है,
वे चुपके से लौट जाते हैं।

आदमी

जिन्दगी वैसे मुझे प्यारी है।
मगर, बुद्ध ने ठीक ही कहा था
कि सब से अच्छी बात यह है
कि मनुष्य जनमें ही नहीं।

गरचे कहने में थोड़ा डरता हूँ,
मगर, इसी बात का समर्थन
मैं एक दूसरे ढंग से करता हूँ।

ईश्वर के पास रहना अच्छा है,
क्योंकि वह क्षमा करता है।

मगर, आदमी?
उफ, वह तो आँसुओं से दहलता ही नहीं।
जिधर से करुणा की वायु आतीं है,
उस राह पर चलता ही नहीं।

खोज

खोजियो, तुम नहीं मानोगे,
लेकिन सन्तों का कहना सही है।
जिस घर में हम घूम रहे हैं,
उससे निकलने का रास्ता नहीं है।

शून्य और दीवार, दोनों एक हैं।
आकार और निराकार, दोनों एक हैं।

जिस दिन खोज शान्त होगी,
तुम आप-से-आप यह जानोगे

कि खोज पाने की नहीं,
खोने की थी।
यानी तुम सचमुच में जो हो,
वही होने की थी।

निस्सीम

काल जब जनमा,
उसके पहले भी काल था।
और काल उसके पूर्व भी
रहा होगा।

आकाश जब बना,
उससे पहले भी जो था,
वह आकाश ही था।

काल और आकाश,
ये हमेशा से थे
और हमेशा रहेंगे।

कल्पना जहाँ तक भी आती है,
काल उससे आगे पहुँच जाता है।
मन जहाँ तक भी दौड़ता है,
आकाश को वह उससे आगे पाता है।

कहते हैं, घटाकाश वह आकाश है,
जो घड़े में बन्दी हो गया है।
लेकिन घट के फूटते ही
वह आकाश कहाँ चला जाता है?

आश्चर्य की बात है
कि घटाकाश के बनने पर
आकाश एक घड़े भर नहीं घटता है।

आकाश और काल,
दोनों अबूझ पहेली हैं।
इनका विस्तार नापने में
दिमाग फटता है।

माध्यम

मैं माध्यम हूँ, मौलिक विचार नहीं,
कनफ्युसियस ने कहा।

तो मौलिक विचार अब कहाँ मिलते हैं?
खिले हुए फूल ही
नये वृन्तों पर
दुबारा खिलते हैं।

आकाश पूरी तरह
छाना जा चुका है,
जो कुछ जानने योग्य था,
पहले ही जाना जा चुका है।

जिन प्रश्नों के उत्तर पहले नहीं मिले,
उनका मिलना आज भी मुहाल है।

चिंतकों का यह हाल है
कि वे पुराने प्रश्नों को
नये ढंग से सजाते हैं
और उन्हें ही उत्तर समझ कर
भीतर से फूल जाते हैं।

मगर यह उत्तर नहीं,

प्रश्नों का हाहाकार है।
जो सत्य पहले अगोचर था,
वह आज भी तर्कों के पार है।

पर्वतारोही

मैं पर्वतारोही हूँ।
शिखर अभी दूर का दूर है।
और मेरी साँस फूलने लगी है।

मुड़ कर देखता हूँ
कि मैंने जो निशान बनाये थे,
वे हैं या नहीं।
मैंने जो बीज गिराये थे,
उनका क्या हुआ?

किसान बीजों को मिट्टी में गाड़ कर
घर जा कर सुख से सोता है,

इस आशा में
कि वे उगेंगे
और पौधे लहरायेंगे।
उनमें ज़ब दाने भरेंगे,
पक्षी उत्सव मनाने को आयेंगे।

लेकिन कवि की किस्मत
इतनी अच्छी नहीं होती।
वह अपने भविष्य को
आप नहीं पहचानता।

हृदय के दाने तो उसने
बिखेर दिये हैं,
मगर फसल उगेगी या नहीं,
यह रहस्य वह नहीं जानता।

लक्ष्य-वेध

अरे, तुम सब कहाँ हो,
जिन्हें युग की उलझन और अनास्था को
काल की पुस्तक में अंकित करना है;

रेगिस्तान में चलते हुए
मनुष्यों के पद-चिन्हों को
भविष्य के लिए जुगा कर धरना है?

कोलाहल से काल की निद्रा
नहीं टूटती,
न धक्के मारने से
समय का द्वार खुलता है।

रचनात्मक समाधि के
व्यूह में जाओ।
नीरवता और शान्ति को
सिद्ध करो।

रात, अन्धकार और अकेलापन
शक्ति के असली उत्स हैं।
रोशनी से बचो और लक्ष्य को
अँधेरे में विद्ध करो।

लक्ष्य-वेध

अरे, तुम सब कहाँ हो,
जिन्हें युग की उलझन और अनास्था को
काल की पुस्तक में अंकित करना है;

रेगिस्तान में चलते हुए
मनुष्यों के पद-चिन्हों को
भविष्य के लिए जुगा कर धरना है?

कोलाहल से काल की निद्रा
नहीं टूटती,
न धक्के मारने से
समय का द्वार खुलता है।

रचनात्मक समाधि के
व्यूह में जाओ।
नीरवता और शान्ति को
सिद्ध करो।

रात, अन्धकार और अकेलापन
शक्ति के असली उत्स हैं।
रोशनी से बचो और लक्ष्य को
अँधेरे में विद्ध करो।

आँसू का अर्थ

आँसू का अर्थ पूछते हो?
आँसू के अर्थ यदि भाषा में समा पाते,
तो फिर मैं रोता क्यों?
कविता या कहानी न लिखता?

जब भाषा असमर्थ हो जाती है,
आँख से आँसू बहते हैं।

जो बात हम किसी भी
विधा में नहीं कह पाते,
उसे रोकर कहते हैं।

मगर अर्थ बताये बिना भी
आँसू का राज वह समझ सकता है,
जिसने अपने माथे पर
नियति का पावक झेला है;

एकान्त जिसका सुधियों के
मेले के समान है
और भरी भीड़ में
जो अजनबी और अकेला है।

जीवन और मृत्यु

जीवन से हम उतना प्यार नहीं करते,
जितना मृत्यु से डरते हैं।

जीने वालों का मूल्य थोड़ा होता है।
कीमती वे बन जाते हैं,
जो मरते हैं।

जीवन ऊपर-ऊपर आनन्द भोगता
और हँसता है।
गहरी भावना केवल मृत्यु जगाती है।

बच्चन के साथ मैं हँसता-खेलता हूँ,
लेकिन याद मुझे बेनीपुरी की आती है।

शहीद

रुदन की कविता लिखना वृथा है।
जिन्दों के बीच मुर्दा दिखना वृथा है।

कौन मानेगा कि तुम सच कहते हो
और ईमानदार हो?
कौन मानेगा कि विपत्तियाँ केवल
तुम्हीं पर पड़ी हैं?

मरने के पहले हर शहीद
सन्देह का पात्र होता है।

और मरने के बाद
कोई उसे याद रखता है,
कोई भूल जाता है।

और समझने की पूछो,
तो समझ उसे कोई नहीं पाता है।

पुरजे की खराबी

जब हर आदमी तुम्हारी
बड़ाई कर रहा हो,
तब तुम जरा हुशियार हो जाओ।
तुम्हारी मशीन का कोई न कोई पुरजा
जरूर खराब हो गया है।

मशीन ठीक रहती है,
तब आदमी में
सिफत के साथ ऐब भी होता है।
और ऐब पकड़ा जाता है।

अपना ऐब हमें खोलना भी चाहिए
कि लोग हमें देवता न समझें।

और अगर तुममें ऐब नहीं है,
तो जो लोग तुम्हें फलों का हार देंगे,
वे ही ईसा और गांधी के समान
तुम्हें गोली मार देंगे।

आम के पेड़

मेरे बाग में आम का एक पेड़ है,
जो बहुत पुराना और बड़ा है।
कोई सौ साल से वह अपनी जगह पर खड़ा है।

जवानी में उसने खूब फल दिये थे।
और बूढ़ा होने पर भी
वह हर साल फलता है।

मुझे यह पता नहीं चलता है
कि उतना फल लेने के बाद भी
उसे और फलने की
क्या जरूरत है?

लेकिन एक ही सूरत है
जिससे पेड़ यह बता सके
कि आत्मदान उसका रुका नहीं है,

बूढ़ा हो जाने पर भी
फलने का शौक उसका चुका नहीं है!

फल पेड़ की आत्माभिव्यक्ति है,
उसकी कविता है।

कविता कवि की सार्थकता है,
उसके जीवित रहने का आधार है।
वह अगर रुक गयी,
तो कवयिता धरती का भार है।

छोटे गीत

लम्बे नहीं, छोटे गीतों का गान करो।
छोटे-छोटे शब्दों में
खूबसूरत सत्य का बखान करो।

छोटे गीत, जो कंठ से आकर
अधरों पर मर जाते हैं,
असल में अमर हैं।

काल उन्हें नहीं डँसता है।
उनके भीतर जीवन का पीयूष बसता है।

मुजरिम

मैं मुजरिम हूँ,
यह बात मैं कैसे मान लूँ?

गीतों की यह विधा मेरी चुनी हुई नहीं है।
यह तो सरस्वती की
अपनी पसन्द की राह है।

मैं तो वर्षों से गीतों के
इन्तजार में था
कि गाने वाली नदियों के समान
वे नाचते और उछलते आयेंगे।

लेकिन उन्होंने एक नयी चाल
पकड़ ली है।
मैं उन्हें कोई बात सिखा नहीं सकता,
न वह रास्ता दिखा सकता,
जिस पर मेरी सरस्वती की
सवारी आती थी।

मैंने अपने आपको
क्षमा कर दिया है।
बन्धु, तुम भी मुझे क्षमा करो।

मुमकिन है, वह ताज़गी हो,
जिसे तुम थकान मानते हो।
ईश्वर की इच्छा को
न मैं जानता हूँ,
न तुम जानते हो।

नेकनीयती

आदमी देवता बनेगा।
धरती स्वर्ग बनेगी।
हिटलर हारेगा,
गाँधी जीतेंगे।
लड़ाई अब और नहीं ठनेगी।

कविवर, इतनी अच्छी बातें
तुम किस बिरते पर बोलते हो?
यह सुसमाचार किसी देवता ने कहा है?
या तुमने कोई ख्वाब देखा है,
जिसका रहस्य खोलते हो?

केवल अच्छी बातें बोलने से
दुनिया नहीं बदलेगी।

सोचने की बात यह है
कि पैगम्बरों के बावजूद
अच्छाई क्यों सोती जाती है?

तुम तो स्वर्ग को कब से
समीप देख रहे हो,
मगर दुनिया दिनोंदिन

अधिक नरक होती जाती है।
केवल नेकनीयती काफी नहीं है।

क्रान्ति का कथनी से नहीं,
करनी से वास्ता है।
केवल अच्छी बातें बोल कर रह जाना
बुराइयों पर पर्दा डालना है।
कोरी नेकनीयती नरक का रास्ता है।

पावक

काठ का टुकड़ा इसलिए जलता है
कि वह अपने भीतर की
आग को व्यक्त कर सके।

पर तू तो मुझे ऐसे मारना चाहता है
कि मैं मरूँ भी
और मेरी आग न फूटे।

मगर मैं हठ ठानूँगा,
तुम्हारी आज्ञा नहीं मानूँगा।

मृत्यु के अँधेरे को
अपने प्रकाश से भरूँगा,
भीतर के पावक को
व्यक्त करके मरूँगा।

रेडियम

रेडियम केवल प्रकाश फेंकता है।
वह जल कर भी नहीं जलता।

आदमी की किस्मत
इतनी अच्छी नहीं होती।

फूल की सेज पर उसका
जौहर खुलता नहीं।
तेज उसका तब निखरता है,
जब वह काँटों पर चलता है।

और रोशनी उससे तब फूटती है,
जब वह अपनी ही आग में
जलता है।

पद्मा

कविता के लिए जिस शक्ति की जरूरत है,
वही शक्ति बच्चा खिलाने में
खर्च होती है।

मेरी एक तीन वर्ष की पोती है।

मैं जब कविता की समाधि के लिए
कमरे में बन्द होता हूँ,
वह अँधेरे में भी
द्वार पर दस्तक देती है।
और कहती है,
"बाबा, किवाड़ खोलो।"

अब बोलो कि मैं क्या करूँ?
किवाड़ खोल कर
बच्ची को गोद में उठाऊँ
या निष्ठुर होकर
कविता का ध्यान करूँ?

ज्यादा जरूरी कौन है?
वह, जिसे मैं ध्यान में
पकड़ना चाहता हूँ?

या वह, जो बाहर खड़ी
प्रेम से मुझे टोक रही है?

मैं तो बड़ी लाचारी में हूँ।
मगर लोग कहेंगे,
पद्‌मा कविता को
जन्म लेने से रोक रही है।

कला

जो व्यक्ति लिखता है,
और जो व्यथा भोगता है,
उन दोनों के बीच
झीनी दीवार खड़ी करो।

मैं यह नहीं कहता
कि मेरी उम्र बड़ी करो।

पर जब तक जियूँ,
वीणा सुर में बोलती रहे।
वह मेरी ही नहीं,
सब का दर्द खोलती रहे।

और मैं अपनी सृष्टि में
उसी प्रकार छिपा रहूँ,
जैसे तुम अपनी
रचना में प्रच्छन्न हो।

ताप सब को महसूस हो,
मगर आग नहीं मिले।

कविता में कवि कहाँ छिपा है,
इसका सुराग नहीं मिले।

यह कलाकार की सच्ची स्थिति है।

और इसे मैंने आज तक निभाया था।
लोग समझते रहे कि
मैं देश का दर्द गाता हूँ।
मगर दर्द मैंने
अपना ही गाया था।

लेकिन, देखो, अब मेरा कितना बुरा हाल है?

लगता है, मैं कविता नहीं लिखता,
सरापा दर्द हुआ जाता हूँ।
दीवार उठाने में देर हो,
तो कोई चादर ही फेंको।
प्रभो, भरी सभा में
मैं बेपर्द हुआ जाता हूँ।

प्रतिभा और सौन्दर्य

तुम्हारी कविता और सौन्दर्य में से
कौन अधिक श्रेष्ठ है?

कविता दृष्टि मात्र से समझ में नहीं आती,
उसे समझना या समझाना पड़ता है।

लेकिन खूबसूरती को
दलील देने की हाजत नहीं होती।

रूपसी नारी देखी नहीं,
कि आँखें उसे पहचान लेती हैं।
सौन्दर्य के भीतर जो अर्थ भरा है,
उसे बिना पढ़े ही जान लेती हैं।

प्रसाद-गुण में सौन्दर्य
कविता से अधिक प्रखर है।
मगर एक बात और है,
जो हृदय को जँचती है।

प्रसन्न से प्रसन्न सुन्दरता भी
विनाश को प्राप्त होती है।
किन्तु कविता गूढ़ होने पर भी
बचती है।

मनसूबा

मैं अब भी इस आशा में हूँ
कि तुम कुछ कहोगे।
बात को आधे रास्ते में छोड़ कर
चुप नहीं रहोगे।

मुझे तो अभी बहुत कुछ जानना है।
आकाश का विस्तार नापना है,
सागर की गहराई थाहनी है
और मरने से पहले
अपने-आपको पहचानना है।

जिन्दगी के थपेड़े तो खूब खाये,
मगर मनसूबे अभी मरे नहीं हैं।
पेड़ के सभी पत्ते गरचे हरे नहीं हैं,
मगर डाली में रस है।

और रस की यह धारा
कैद से छूटना चाहती है।
टहनी के भीतर बेचैनी है।
शायद कोई कोंपल फूटना चाहती है।

मैं रेगिस्तान में खड़ा
रस से भरा पेड़ हूँ,

जी भर कर इस बार भी
फलना चाहता हूँ।

जिस रास्ते पर तुम यहाँ तक ले आये,
उस पर और भी आगे चलना चाहता हूँ।

मालिक, तुम्हारे इस दीये में
तेल अभी बाकी है।
अन्धकार को फाड़ने को
मैं अभी और जलूँगा।

तुम्हारी पताका
इस अध-मंजिल पर
नहीं रुकेगी।
उसे उठाये हुए
पर्वत के शिखरों पर
मैं अभी और चलूँगा।

जगना और सोना

जगना विज्ञान है,
सोना कला है।
वह आदमी भला है,
जो गाढ़ी नींद में सोता है।
पर इतने से प्रश्न का
समाधान नहीं होता है।

जानने की बात यह है
कि जिसके जागरण और स्वप्न में
दूरी रहेगी,
उसे नींद ठीक से नहीं आयेगी।

विज्ञान अगर कलंकित है,
तो कला भी अधूरी रहेगी।

जिसे नींद ठीक से नहीं आती,
उसके मन में झाँक कर देखो।
अवचेतना दिन में कहीं
चोट खा गयी है।

ईर्ष्या, पछतावे या द्वेष का कीट
उसे दंश मारता है

अथवा उसके प्राणों में
पड़ोस की कोई नारी समा गयी है।

कीर्त्ति और धन,
विज्ञान इनकी खोज करता है।
मगर यह खोज भी
नींद में खलल डालती है।

कीर्त्ति और धन खोजने के क्रम में
बहुत-से साँप उत्पन्न होते हैं।
वे बाहर नहीं रहते,
अवचेतन के जल में बसते हैं।
आदमी जब सोने लगता है,
वे उठ-उठ कर
उसके प्राणों को डँसते हैं।

तब भी कितनी विचित्र बात है
कि जिसे कीर्त्ति नहीं,
बदनामी मिली है,
नींद उसकी भी कमजोरी होती है।
और निर्धन की तो बात ही मत पूछो,
उसकी चिन्ताएँ अत्यन्त कठोर होती हैं।

स्वर्ग

स्वर्ग, तुम्हारे बालू में
गरदन घुसेड़ कर जीना,
धरती का जल छोड़ कर
कल्पना का नीर पीना
मुझे अच्छा नहीं लगता।

न मैं ईश्वर का नाम
इसलिए लेता हूँ
कि नामस्मरण से
मुसीबत से नजात पाऊँगा।
लोग पूछते रहेंगे
"अरे, वह गया कहाँ?"
और मैं चोरी-चोरी
स्वर्ग की राह से
किसी दूसरे जीवन में पहुँच जाऊँगा,
जहाँ न दुख होगा, न शोक होगा,
सरिता फूलों की छाँव में बहेगी,
मेरे कानों में प्रेम की कथा कहेगी।

यह सत्य है कि मैं ध्यान में रहता हूँ।
किन्तु, प्रभु से मैं केवल एक ही बात कहता हूँ।
कि जब मैं दुख भोगूँ,
तुम सामने खड़े रहो।

तुम जब सामने रहते हो,
मन नहीं घबराता है।
तुम्हारे स्पर्श से दुख भी
सुख बन जाता है।

जीवन केवल दुख ही नहीं,
वह मधु का भी कोष है।

साँपों और बाघों की
जोखिम झेल कर
यह मधु मैं अन्त तक पियूँगा।
और राम जैसे जिलायेंगे,
बड़े प्रेम से जियूँगा।

शंका

शंकाएँ वातायन हैं,
जिनसे बुद्धि सीमा के पार झाँकती है।
और जो सत्य वह
ठीक से नहीं बोल सकती,
उसे तुतलाहट में आँकती है।

कुहरे में छिपी नदी
खूबसूरत लगती है।
और जब तक अनिश्चय है,
उत्सुकता तभी तक जगती है।

शंकाएँ सोपान हैं।
विश्वास सबसे ऊपरी मंज़िल है।

एक समय शंकाएँ पाप समझी जाती थीं।
पर अब हम शंका से
घृणा नहीं, प्यार करते हैं।

धर्म बार-बार अँधियाले में
लुप्त हो जाता है।
और शंकाओं के जरिये
हम बार-बार
उसका नया आविष्कार करते हैं।

इन्द्रियों की पराजय

इन्द्रियों, वैराग्य ने तुम्हें मारना चाहा,
मगर तुम मरीं नहीं,
दुश्मन को चकमा देकर भाग गयीं।

लेकिन व्यभिचार ने तुम्हें
जब कुंठित बनाना चाहा,
जीत व्यभिचार की हुई,
इन्द्रियों, तुम हार गयीं।

मार ने जब बुद्ध पर चढ़ाई की थी,
तब बुद्ध जीते थे, मार हारा था।
मगर जब श्रावकों के साथ
मार की भिड़न्त हुई,
मार ने धनुष तान कर बहुतों को मारा था।

अच्छा होता कि वैराग्य से
तुमने हार मान ली होती
और व्यभिचार को बढ़ने नहीं देतीं।

जहाँ रक्त का उद्दाम वेग नहीं है
वहाँ प्रेम भी नहीं होता।
काम के स्वच्छ कोट पर
लिजलिजे मनुष्य को चढ़ने
नहीं देतीं।

सबसे जरूरी काम

वैसे तो सब कुछ जरूरी है।
मगर सबसे जरूरी बातें क्या हैं?

स्वच्छ शासन
और घूस नहीं खाने वाला तन्त्र,
बड़े नहीं, छोटे-छोटे यन्त्र;
शिक्षा की उन्नति
ओर खेती का चाव,
जो कुछ उपजे, उसे
बाँट कर खाने का भाव।

राष्ट्र का एक अंग दुबला
और दूसरा मोटा न रहे,
यानी एक आदमी बड़ा
और दूसरा छोटा न रहे।

अमीर बनने के लोभ में
कर्ज खाना बन्द हो।
धन के लिए अमरीका
और यश के लिए रूस ज़ाना बन्द हो।

बहुत कठोर होना अच्छा नहीं,
मगर कोमल होना भी तो बुरा है।

देखते नहीं,
पड़ोसी के हाथ में छुरा है?

प्रेम और अंहिसा काफी नहीं हैं।
उनकी रक्षा के लिए
बाँहों में बल भी चाहिए।

मिट्टी, पानी, हवा और आसमान से
आदमी नहीं बनता।
उसके निर्माण में
थोड़ा अनल भी चाहिए।

संतुलित समाज

फौजियों का मिजाज फौजी नहीं,
जरा लचीला और नर्म हो।

जगद्गुरु बात-बात में
केवल शास्त्र ही न खोलें,
यत्किंचित् ज्ञात उन्हें
समय का भी धर्म हो।

मन्दिरों में भी हम
घर का सोंधापन पायें।
और साधुओं के बदन से
केवल धूप-दीप की ही
गन्ध न आये।

कवि भूखों न मरे।
और जो बहुत खाते हैं,
वे जरा उपवास सीखें।

सेठों और मन्त्रियों में यह लोभ जगे
कि वे भी
जनसाधारण के सामान दीखें।

मर्दाने मर्द और औरतानी औरत ने
सारा खेल खराब कर दिया।

लाजिम यह है
कि हर औरत जरा मर्द
और हर मर्द जरा नारी हो।

दुनिया केवल उन्हीं को न पूजे,
जिन्होंने जीत हासिल की है।
वह उन्हें भी जरा हमदर्दी से देखे,
जिन्होंने जिन्दगी की बाजी हारी हो।

व्यक्तित्व और चरित्र

जीवन समुद्र नहीं,
सरिता या सोता है।
लेकिन वह दो प्रकार का होता है।

एक धारा वह है,
जो बर्फ को पाकर
जग गयी है;

बहुत दूर चल लेने के बाद
अब एक जगह आ कर
थम गयी है।

यह धारा पावन है, पवित्र है।
लेकिन वह जीवन व्यक्तित्व नहीं,
चरित्र है।

और दूसरी धारा वह है,
जिसमें आग बहती है।

उल्लास यहाँ हिलोरें लेता है।
वीरता कड़क कर बोलती है।

इस धारा से
प्रेम का तूफान उठता है।

किनारे पर जो भी वृक्ष खड़े हैं,
उनकी डाल-डाल डोलती है।

जिनको धुओं के धब्बे लग गये,
आग अपनी तरलता से
उन्हें भी धोती और नहलाती है।
यह धारा व्यक्तित्व कहलाती है।

शिखर

'जितने रास्ते थे, वे खत्म हो गये।
मेरे आगे अब कोई रास्ता नहीं है।
मैं शिखर की फुनगी पर हूँ।'
ऐसा कह कर कितने लोग मरते हैं?

चलने की कोशिश बहुत लोग करते हैं।

मगर शिखर जब
सौ-दो सौ गज बाकी रह जाता है,
प्रायः सब के पाँव
लड़खड़ाने लगते हैं।
यही फैसले की जगह है।

शिखर को छूने की कोशिश
तो हर एक करता है,
मगर करोड़ों में कोई एक ही
शिखर को छू कर मरता है।

बड़ी दुनिया

खिड़की तोड़ो
और बाहर हवा में कूद पड़ो।
घर के भीतर तो
अब दम घुटा जाता है।

बड़ी आत्माओं के लिए
अब भी आशा है।
वे छोटी दुनिया से निकल कर
बड़ी दुनिया में जा सकती हैं।
स्वच्छ धूप और
तूफानी हवा का स्वाद पा सकती हैं।

बड़ी दुनिया, जहाँ
सूर्य का निर्भय आलोक
और समुद्र की शीतल शान्ति छायी है।
बड़ी दुनिया, जिसने अपने चारों ओर
लक्ष्मण-रेखा नहीं बनायी है।

बड़ी दुनिया, जहाँ
पूजा कुबेर की नहीं
विश्वकर्मा की होती है;

धन और धन-हीनता

के बीच जीने वाले
विचार-धर्मा की होती है।

बड़ी दुनिया, जो
मूल्य-विधायकों
के पीछे-पीछे चलती है;
जो अभिनेता को
नेता नहीं मानती,
न उसका विश्वास करके
अपने को छलती है।

बड़ी दुनिया, जिसका फाटक
सुई के छेद के समान है।
ऊँट उसके भीतर नहीं समायेगा।

और छोटी दुनिया को
लात मार कर
जो भी मर्द यहाँ आयेगा,
धरती उसे अपनी धुरी बनायेगी।

और उसकी पुकार पर
पृथ्वी की रूठी हुई आत्मा
पृथ्वी पर लौट आयेगी।

गांधी

देश में जिधर जाता हूँ,
उधर ही एक आह्वान सुनता हूँ।

"जड़ता का तोड़ने के लिए
भूकंप लाओ।
घूप्प अँधेरे में फिर
अपनी मशाल जलाओ।
पूरे पहाड़ को हथेली पर उठा कर
पवनकुमार के समान तरजो।
कोई तूफान उठाने को
कवि, गरजो, गरजो, गरजो।"

सोचता हूँ, मैं कब गरजा था?
जिसे लोग मेरा गर्जन समझते हैं,
वह असल में गांधी का था,
उस आँधी का था, जिसने हमें जन्म दिया था।

तब भी हमने गांधी के
तूफान को ही देखा,
गांधी को नहीं।

वे तूफान और गर्जन के
पीछे बसते थे।

सच तो यह है
कि अपनी लीला में
तूफान और गर्जन को
शामिल होते देख
वे हँसते थे।

तूफान मोटी नहीं,
महीन आवाज से उठता है।

8

वह आवाज,
जो मोम के दीप के समान
एकान्त में जलती है;
और बाज नहीं,
कबूतर की चाल से चलती है।

गांधी तूफान के पिता
और बाजों के भी बाज थे।
क्योंकि वे नीरवता की आवाज थे।

सभ्यता

हमारे पीछे पशु हैं,
जिनके हम कभी चचेरे भाई लगते थे।
और हमारे आगे वह मनुष्य है,
जो अभी जनमा नहीं,
बहुत दिन बीत जाने के
बाद आयेगा।

हम उन दोनों के बीच की कड़ी हैं।
मगर साधना हमारी भी बड़ी है।

आवेगों का ज्वार
कितना भयानक और अन्ध होता है!
हम उनमें से अनेक को
आन्तरिक इच्छा के विरुद्ध
छिपाते हैं, दबाते हैं
अथवा उनका त्याग करते हैं।

वासनाओं का खुला मुख
हमें पसन्द नहीं आता।
मुखौटे पहना कर
हम उनसे अनुराग करते हैं।

राग और विराग के बीच सतत संघर्ष,

यही हमारा सही मुकाम है।
सभ्यता विधि और विषेध के बीच
समझौते का नाम है।

बुद्धि की पराजय से परे

आओ, ज्वालामुखी के कंठ में
कोकिल बन कर बैठें
और जूही-चमेली के
उजले गीतों का गान करें।

आग जड़ है।
मगर वह इतनी जड़ नहीं है
कि प्रेम को न पहचाने।
आओ, उसकी प्यास बुझाने को
हम आत्मदान करें।

बर्फ की परतों को तोड़कर
पौधे बाहर आते हैं
और हवा में डोलते हैं।
चिताभूमि केवल भैरव का ही
अखाड़ा नहीं है।
वहाँ परियाँ भी नाचती हैं,
नूपुर भी बोलते हैं।

विनाश आया है,
तो उसे खुशी से झेल लो।
अक्ल तो हार गयी।
रास्ते में अब बालक बन जाओ।
और खप्पर मिलें,
तो उनसे भी खेल लो।

पुनर्जन्म

जन्म ले कर दुबारा न जनमों,
तो भीतर की कोठरी काली रहती है।
कागज चाहे जितना भी
चिकना लगाओ,
जिन्दगी की किताब
खाली की खाली रहती है।

शुक्र है कि इसी जीवन में
मैं अनेक बार जनमा
और अनेक बार मरा हूँ।

तब भी अगर मैं
ताजा और हरा हूँ,
तो कारण इसका यह है
कि मेरे हृदय में
राम की खींची हुई
अमृत की रेखा है।

मैंने हरियाली पी है,
पहाड़ों की गरिमा का
ध्यान किया है,
बच्चे मुझे प्यारे रहे हैं

और वामाओं ने राह चलते हुए
मुझे प्रेम से देखा है।

पर्वत को देखते-देखते
आदमी का नया जन्म होता है।
और तट पर खड़े ध्यानी को
समुद्र नव जीवन देने में समर्थ है।

नर और नारी
जब एक दूसरे की दृष्टि में
समाते हैं,
उनका नया जन्म होता है।
पुनर्जन्म प्रेम का पहला अर्थ है।

पुनर्जन्म चाहे जितनी बार हो,
हमेशा जीवित रहने से
हमें डरना भी चाहिए।
दोस्ती, बन्धन और लगाव की भी
सीमा होती है।

अपने अतीत के प्रति
हर रोज हमें थोड़ा
मरना भी चाहिए।

सौन्दर्य

जब-जब तुम्हें देखता हूँ,
तुम्हारे सौन्दर्य में
एक नया अर्थ झलकता है।

आकर्षण के मूल का
पता नहीं चलता।
लेकिन पत्ते, फूल और हरियाली
आनन्द देते हैं।

तुम एक किताब हो,
जिसका पन्ना-पन्ना
मेरा सूँघा और समझा हुआ है।

लेकिन लगता है,
पूरी पुस्तक मैंने पढ़ी नहीं है।
कहते हैं, सौन्दर्य
ध्यान से समझ में आता है।
किन्तु मेरा तो
यह श्रम भी व्यर्थ जाता है।

अनूठे शब्द चुन कर
मैं तुम्हारे चारों ओर
बिछाता हूँ।

किन्तु शब्दों के बीच
तुम कहाँ समाती हो?

मैं हाथ बढ़ा कर तुम्हें
गीतों में भरना चाहता हूँ।
तुम सुनहरा भाप बन कर
ईथर में उड़ जाती हो।

नारी

एक नारी नागिनी निकली,
इसलिए सभी नारियों को
दुतकारना सही नहीं है।
तुम मुझ पर बेकार चिढ़ते हो।
असली बात मैंने
कही नहीं है।

नारी सृष्टि के दीपक की लौ है।
नारी जाति के जीवन का प्रकाश है।
नारी सोंधी, स्थूल मिट्टी है।
नारी सूक्ष्म है।
नारी हवा है।
नारी आकाश है।

नारी-रूप पर सोचना
मन को सुवास से भरना है।
नारी के हृदय की झलक पाना
स्वर्ग का दर्शन करना है।

नारी सर्वसहा पृथ्वी है।
नारी वह जाति है,
जो अत्याचारों से
पीड़ित रही है।

किताबें तो बड़ी-बड़ी लिखी गयीं,
किन्तु नारी की पूरी व्यथा
किसने कही है?

पुरुष पशु होता है
या फिर अबोध बालक,
जिसे हिताहित का ज्ञान नहीं है।
नारी दोनों हालतों में
उसे पुचकारती और बहलाती है।

घर के बाहर पुरुष
जो विजय और कीर्ति कमाता है,
घर के भीतर उसका मूल्य
नारी चुकाती है।

सखी, स्वसा या कन्या,
नारी जिस रूप में भी उतरे,
वह महिमामयी, पूजनीया
और ललाम है।
किन्तु मनुष्य के अधरों पर
सब से बड़ा माता का नाम है।

धरती और आकाश

मिट्टी में गड़ा हुआ
मैं तुम्हारा मूल हूँ।
तुम मेरे फूल हो,
जो आकाश में खिला है।

मिट्टी से जो रस मैं खींचता हूँ,
वह फूल में लाली बन कर छाता है।
और तुम जो सौरभ बनाते हो,
यहाँ नीचे भी उसका सुवास आता है।

अदेह की विभा
देह में झलक मारती है।
और दैहिक ज्योति
अदेह की आरती उतारती है।

द्वैताद्वैत से परे
मेरी यह विनम्र टेक है,
प्रभो, मैं और तुम,
दोनों एक हैं।

अवकाशवाली सभ्यता

मैं रात के अँधेरे में
सितारों की ओर देखता हूँ,
जिनकी रोशनी भविष्य तक जाती है।

अनागत से मुझे खबर आती है
कि चाहे लाख बदल जाये,
मगर भारत भारत रहेगा।

जो ज्योति दुनिया में
बुझी जा रही है,
वह भारत के दाहिने करतल पर जलेगी।
यन्त्रों से थकी हुई धरती
उस रोशनी में चलेगी।

साबरमती, पाण्डिचेरी, तिरुवण्णमलइ
और दक्षिणेश्वर,
ये मानवता के आगामी
मूल्य-पीठ होंगे।

जब दुनिया झूलसने लगेगी,
शीतलता की धारा यहीं से जायेगी।
रेगिस्तान में दौड़ती हुई संततियां
थकने वाली हैं।

वे फिर पीपल की छाया में
लौट आयेंगी।

आदमी अत्यधिक सुखों के
लोभ से ग्रस्त है।
यही लोभ उसे मारेगा।
मनुष्य और किसी से नहीं,
अपने आविष्कार से हारेगा।

गांधी कहते थे,
अवकाश बुरा है।
आदमी को हर समय
किसी काम में लगाये रहो।
जब अवकाश बढ़ता है,
आदमी की आत्मा ऊँघने लगती है।
उचित है कि ज्यादा समय
उसे करघे पर जगाये रहो।

अवकाशवाली सभ्यता
अब आने ही वाली है।
आदमी खायेगा, पियेगा
और मस्त रहेगा।

अभाव उसे और किसी चीज का नहीं,
केवल काम का होगा।

वह सुख तो भोगेगा,
मगर अवकाश से त्रस्त रहेगा।
दुनिया घूम कर

इस निश्चय पर पहुँचेगी
कि सारा भार विज्ञान पर डालना बुरा है।

आदमी को चाहिए कि वह
खुद भी कुछ काम करे।
हाँ, यह अच्छा है
कि काम से थका हुआ आदमी
आराम करे।

पुरुषार्थ

हमारे भीतर
स्मृतियों का एक समुद्र है,
जिसे मन कहते हैं।

यह समुद्र कभी भी
निश्चल नहीं होता,
क्षण-क्षण डोलता रहता है।

चेतना के सात हिस्से
इस समुद्र में डुबे हुए हैं,
केवल आठवाँ हिस्सा ऊपर लहराता है।

जब भी हमारे सामने
कोई सवाल आता है,
हम उस पर तटस्थ होकर नहीं सोचते।
हमारा सारा चिन्तन हमें
स्मृतियों के कोष से मिलता है।

चेतना के सात हिस्से
जैसे चाहते हैं,
आठवाँ हिस्सा भी वैसे ही हिलता है।

अपने चिन्तन में हम स्वाधीन नहीं,
स्मृतियों के गुलाम हैं।

स्मृतियों जैसे चलाती हैं,
हम वैसे ही चलते हैं।
कभी हमें आसक्ति हो जाती है
और कभी हम क्रोध से जलते हैं।

जब हम जनमे थे,
हमारे भीतर कोई स्मृति नहीं थी।
इसीलिए हमें भले-बुरे का ज्ञान नहीं था।

हम चेतना के जल में
निष्कलुष कमल के समान
बसते थे;
और ईश्वर को समीप देख कर
मन्द-मन्द हँसते थे।

जब हम जनमे थे,
हम स्वच्छ थे,
अनाविल थे,
बे-दाग थे

मगर ज्यों-ज्यों हम बढ़े,
इन्द्रियाँ तरह-तरह के दाग जुटाने लगीं;
आँख, कान, नासिका
और त्वचा के द्वार से
हजारों वर्ष की स्मृतियाँ
हमारे भीतर समाने लगीं।

न हम पाप और पुण्य को जानते थे,
न मैं के अस्तित्व को पहचानते थे।
किन्तु स्मृतियों ने

हमें शुद्ध चेतना से घटा कर
अहम् कर दिया।
यानी हमारीं ऊँचाई को
पहले से कम कर दिया।

जब अहम् जनमा,
स्वर्ग के साथ हमारा संबंध टूट गया।
जिस ईश्वर के सान्निध्य में
हम आनन्द मनाते थे,
उसका संग छूट गया।

और तब वह मनोवैज्ञानिक भूख जनमी,
जिसके चंगुल में फँसी
दुनिया बेहाल है।
अहम् केवल संतों का ही शत्रु नहीं है,
वह पूरी मानवता का काल है।

कानून अहम् को
कैद करने को बनते हैं।
अहिंसा का उपदेश
अहम् को दबाने का उपदेश है।
और युद्ध अहम् के आस्फालन से
या उसके भंजन के निमित्त ठनते हैं।

जब तक मनुष्य के भीतर अहम् है,
वह डरायेगा और डरेगा।
अहम् की सुरक्षा को
जिससे भी भय है,
आदमी उससे अवश्य लड़ेगा।

आविष्कारों और अनुसन्धानों से
ज्ञान की जैसे-जैसे समृद्धि होती है,
आदमी का दिमाग
वैसे-वैसे फूलता जाता है,
और उसके अहम् में वृद्धि होती है।

जब भोग के क्षेत्र में सीमित थे,
स्पृहा की भूमि भी
छोटी और संकीर्ण थी।
मनुष्य मटमैला था,
मगर ज्यादा कमनीय था।
आदमी जब कम सुखी था,
वह मिजाज से लचीला और नमनीय था।

आदमी कोमल था,
जब उसका परिवेश कठोर था।
आदमी जब कम जानता था,
उसका अहम् भी कमजोर था।

धरती पर जब रोशनी फैलती है,
आसमान पर अँधियाली छाती है।
सब कुछ जान कर भी
तर्क कुछ नहीं जानता।
ज्ञान की बाढ़ अहम् को विकराल बनाती है।

ज्ञानी मूल गँवाइया
आपन भये करता।
ताते संसारी भला,
मन में रहे डरता।

सारा ज्ञान भूल कर
अबोध बालक बन जाना
पुरुषार्थ है।

चेतना के आठों अंशों को
जल से बाहर ले आना
पुरुषार्थ है।

पुरुषार्थ है पल-पल
डोलते हुए मन को
निस्पन्द करना।

पुरुषार्थ है
सोचने की प्रक्रिया को
बन्द करना।

पुरुषार्थी वह है,
जो मन को समेट कर
उसके उत्स पर डाल दे;

मस्तिष्क के महल से
सारी स्मृतियों को
बुहार कर निकाल दे।

मन का महल जब साफ होगा,
तुम अपने आपके
दर्शन पाओगे।

मैं शपथपूर्वक कहता हूँ
कि सोचना बन्द करने से
तुम मर नहीं जाओगे।

सूखा पेड़

सूखा पेड़ गम की लकीर है।
उसे देख कर वैराग्य का
भाव जगता है।

उदासी को देख कर
आँखें उदास हो जाती हैं
और मन कुछ सोचने लगता है।

मगर एक लता बौराई हुई है,
इस सूखे पेड़ को घेर कर
सिर से पाँव तक छाई हुई है।

बल्लरी पेड़ को ढँक कर
अपना रूप दरसाती है,
पेड़ के जीवित होने का
भ्रम उपजाती है।

और यह भ्रम इतना प्रबल है
कि पक्षी उसकी माया में फँस गए हैं,
पेड़ को जीवित जान कर
उसके कोटरों में बस गए हैं।

सूखा पेड़ लता से वेष्टन में खड़ा है।
यानी प्रेमी प्रिया के आलिंगन में
निर्जीव पड़ा है।

शोक की संतान

हृदय छोटा हो,
तो शोक वहाँ नहीं समायेगा।
और दर्द दस्तक दिये बिना
दरवाजे से लौट जायेगा।

टीस उसे उठती है,
जिसका भाग्य खुलता है।
वेदना गोद में उठा कर
सब को निहाल नहीं करती,
जिसका पुण्य प्रबल होता है,
वही अपने आँसुओं से धुलता है।

तुम तो नदी की धारा के साथ
दौड़ रहे हो।
उस सुख को कैसे समझोगे,
जो हमें नदी को देख कर मिलता है?

और वह फूल
तुम्हें कैसे दिखाई देगा,
जो हमारी झिलमिल
अँधियाली में खिलता है?

हम तुम्हारे लिए महल बनाते हैं।
तुम हमारी कुटिया को
देख कर जलते हो।

युगों से हमारा-तुम्हारा
यही सम्बन्ध रहा है।
हम रास्ते में फूल बिछाते हैं,
तुम उन्हें मसलते हुए चलते हो।

दुनिया में चाहे जो भी निजाम आये,
तुम पानी की बाढ़ में से
सुखों को छान लोगे।
चाहे हिटलर ही
आसन पर क्यों न बैठ जाये,
तुम उसे अपना आराध्य
मान लोगे।

मगर हम?
तुम जी रहे हो,
हम जीने की इच्छा को तोल रहे हैं।
आयु तेजी से भागी जाती है
और हम अँधेरे में
जीवन का अर्थ टटोल रहे हैं।

असल में हम कवि नहीं,
शोक की संतान हैं।
हम गीत नहीं बनाते,
पंक्तियों में वेदना के
शिशुओं को जनते हैं।

झरनों का कलकल,
पत्तों का मर्मर
और फूलों की चुपचुप आवाज,
ये गरीब की आह से बनते हैं।

हारे को हरिनाम

सब शोकों का एक नाम है क्षमा,
हृदय, आकुल मत होना।

[1]

दहक उठे जो अंगारे बन नये,
कुसुम-कोमल सपने थे।
अन्तर में जो गाँस मार कर गये,
अधिक सबसे अपने थे।
अब चल उसके द्वार सहज जिसकी करुणा है।
और कहाँ, किसका आँसू कब थमा?
हृदय, आकुल मत होना।

[2]

आघातों से हो विषण्ण म्रियमाण
गान मत छोड़ अभय का।
और न कर अब अधिक मार्ग-सन्धान
सिद्धि का, दैहिक जय का।
सुख निद्रा की निशा, विपद जागरण प्रात का।
किरणों पर चढ़ पकड़ प्रकृति उत्तमा।
हृदय, आकुल मत होना।

[3]

उषः लोक का पुलकाकुल कल रोर
मधुर जिसका प्रसाद है।
दुर्दिन की झंझा में वज्र-कठोर
उसी का शंखनाद है।
जिसका दिवस ललाट, उसी का निशा चिकुर है।
रम उसमें, जो है दिगन्त में रमा।
हृदय, आकुल मत होना।

●●●